KB129181

긍정주의 심리치료

5단계 프로그램

| 김희진 편저 |

학지사

긍정주의 심리치료의 저자, 페제슈키안(Peseschkian) 박사는 페르시아 사람(이란 태생)으로서 1954년부터 유럽(특히 독일)에서 살면서 오랫동안 인간의 심리를 연구하며 임상 실험을 해온 사람이다. 이러한 경험 때문에 저자는 사람들의 행동양식, 관습, 태도 등이 문화마다 다르다는 사실에 관심을 가지기 시작하였다. 예를 들어, 이란과 독일은 '예의 바르다.' 혹은 '예의 없다.'에 대해 다르게 인식한다. 독일에서는 초대 받은 손님이 접시에 담아 준 음식을 모두 다 먹는 사람을 예의 바른 사람이라 한다. 음식을 남김없이 모두 먹어 줌으로써 초대한 주인에게 암묵적인 칭찬을 표시하는 것이기 때문이다. 그러나 이와는 반대로, 이란에서는 음식을 접시에 남겨 두는 행위가 바로 주인에 대한 가장 예의 바른 행동이 된다. 이와 같이 저자는 서로 다른 문화양식에 대한 인식을 통해 그 나라 문화에 대한 경험 없이 개인을 이해하고 대처해 가는 것이 매우 어렵다는 것을 알게 되었다.

페제슈키안은 한 개인이 자신이 처해 있는 다른 문화 환경에 바르게 적응해 가며 건강한 정신과 잠재 능력을 발전시켜 갈 수 있는 정신치료기법이 무엇보다 시급함을 깨닫게 되었다. 그와 동료 연구진들은 수백 건의 임상 사례를 치료하고 또한 실험 경험을 토대로 심리역동적 치료를 초월하여 세계적으로 다문화 시대에 접해 있는 다양한 인종을 다룰 수 있는 치료기법연구에 몰두하였다. 그 결과 포스트모더니즘(Postmodernism)적 심리치료 접근이라 할 수 있는 새로운 임상치료 이론과 치료기법인 긍정주의 심리치료 5단계 프로그램을 개발하게 되었다. 이는 내담자의 긍정적 잠재 능력을 활성화하여 자기의 아픔을 자신이 돌볼 줄 아는 능력, 즉 자조 능력(Ability of Self-help)을 키워 가는 것에 우선권을 두는 치료기법이다.

전통적인 심리치료 학파가 중시하는 연구 주제가 병에 초점을 두고 내담자의 아픔만을 치료하는 심리역동을 중시하는 치료기법이라고 한다면, 긍정주의 심리치료 학파가 제시하고 있는 치료기법은 변화하는 문화 속에서 개인이 자신이 지니고 있는 문제를 스스로 이해하고 효과적으로 대처해 갈 수 있도록 개개인의 잠재 능력을 활성화해 가도록 돕는 데 치료의 주안점을 두고 있다. 페제슈키안과 그의 동료들이 연구한 긍정주의 심리치료 5단계 프로그램은 전통적인 심리치료 학파에서 중요하게 다루는 심리역동성과는 차이를 두는 방법론으로서, 초보 심리치료자에서부터 전문치료자에 이르기까지 모두에게 적절하고도 심도 있게 적용 가능한 심리치료기법이다. 또한 치료자의 안내에 따라 내담자 스스로 자기문제를 통찰하며 변화시켜 갈 수 있는 치료방안을 찾아 성공적으로 성취해 갈 수 있게 설계되어 있다.

다문화적 인간이해가 무엇보다 시급한 사회 문제로 대두되고 있는 우리나라의 현실을 고려할 때, 개인치료, 부부치료, 가족치료, 다문화적 접근치료 등 다각도로 유익한 긍정주의 심리치료 프로그램을 소개하고, 그 접근을 확대해 가는 것은 시의 적절한 일이라 할 수 있다. 이러한 시대적 필요성에 맞추어 편저자는 대학원에서 몇 학기에 걸쳐 긍정주의 심리치료 이론을 교육하였다. 상담 연구생들은 처음에는 이 이론을 이해하고 적용하는 데 어려움을 호소하였다. 이에 교재에 제시된 프로그램을 편집하여 치료 장면에 사용해 보도록 교육하였고, 프로그램을 매뉴얼화하여 제시한 결과 이 프로그램을 따라 심리 상담을 해 본 후의 연구생들의 반응은 매우 긍정적이었다. 처음에 어떻게 내담자를 대해야 할지 어려워하며 자신감 없는 태도를 보이던 연구생들은 상담에 참고할 수 있는 도구화된 프로그램이 있어 상담에 틀을 가지게 되어 훨씬 자신감이 생겨 매우 유익하였다는 즐거운 보고를 하게 되었다. 이는 실제로 프로그램을 사례에 적용한 치료 보고서를 기말 과제로 제출하면서 연구생들이 보내온 피드백이었다.

이와 같은 일련의 경험을 통해 페제슈키안의 원래의 의도대로 긍정주의 심리치료 프로그램이 초보 치료자 및 일반인까지도 용이하게 접근할 수 있는 심리치료 프로그램이라는 사실을 확인하게 되었다. 동시에 상담연구생들이 긍정주의 심리치료를 가깝게 접하고 접목해 가기 위해서는 복잡하게 나열된 심리치료 이론을 보다 적용하기 쉬운 실제적인 상담 매뉴얼로 정형화하면 좋겠다는 판단을 내렸다. 이것이 프로그램을 워크북(workbook)으로 묶는 계기가 되었다.

이와 같은 사실을 인지하고 긍정주의 심리치료 5단계 프로그램 워크북의 출판을

독려해 준 평택대학교 신학대학원 양유성 교수님의 적극적인 권고에 힘입어, 출판하려는 의지를 가지게 되었음에 이 자리를 빌려 감사한 마음을 표한다. 나아가 이 워크북이 출판되도록 흔쾌히 지원해 주신 학지사 김진환 대표님과 편집부 관계자들, 워크북의 수정을 돕고 헌신해 준 '서울외국어고등학교 학생심리상담소'의 배정주 상담 선생님과 'The Life 심리 · 교육연구소' 이향진 선생님에게도 진실로 감사함을 표한다.

무엇보다 긍정주의 심리치료 번역 및 프로그램 워크북이 나올 수 있도록 지혜와 사랑과 격려를 아끼지 않으신 하나님께 진실로 감사함을 올려 드린다. 긍정주의 심리치료 접근이 더욱 보급되어 아픔을 겪는 내담자와 그 가족들의 정신건강에 귀히 쓰임받아 하나님 창조의 섭리대로 생명의 온전성(wholeness)이 회복되는 귀한 도구가 되기를 진실로 바라는 마음이 간절하다.

편저자 김희진

긍정주의 심리치료의 개념

긍정주의 심리치료란

포스트모더니즘과 사회 구성주의적 인식론과 유사한 맥락에서 Peseschkian(1990)은 전통적인 치료유형보다 유용한 대안치료로서 긍정주의 심리치료(Positive Psychology)를 제시하고 있다. 그 또한 전통의학의 정신 치료에서 과학적이고 객관적인 병리적 관점에서 환자를 진단하는 치료자의 편협적이고 전문적 위계에 도전하였다. 무엇보다 환자 자신의 정신적 갈등이나 장애에 더 관심을 가지며 환자의 주관적인 이해를 변화시킴으로써 치료 장면에서 공유된 현실의 공동 창조자로서 치료자와 내담자의 동등한 개입을 강조하는 접근법으로 변화를 시도한다. 이와 같은 긍정주의 심리치료 접근은 모든 사람은 자신의 삶에 대한 개인적인 전문성을 발달시킬 권리가 있다는 인식과 함께 그 개인이 속해 있던 다른 문화나 여러 계층의 내담자 및 가족에게까지도 깊은 관심을 기울이고 있다.

■ 긍정주의 심리치료의 초점

개인의 주관성에 기초하여 언어로 표현하게 하고 내담자의 목표를 과거보다는 미래에 성취하고자 하는 욕구를 지지해 주며 소망에 의미를 가지게 함으로써 미래 지향적으로 생각하도록 목표를 확대하는 전략을 추구하는 지론을 따른다. 그러므로 긍정주의 심리치료에서 가장 기본적인 개념은 무엇보다 개인이 본질적으로 타고난 두 가지 기본적인 긍정적 능력을 기초로 하는 데 있다. 하나는 '알고자 하는 능력(ability to know)'과 '사랑하고자 하는 능력(ability to love)'이다. 치료 장면에서 환자의 두 가지 기본적 능력을 확장시키며 강화해가는 과정을 통해 인간이 자신의 장애를 긍정적으로 재평가할 수 있는 수용력을 가지고 있음을 전제로 한다. 그러므로 치료자는 환자를 고통 받는 수동적인 모습이 아닌 자조 능력이 있는 대상(the subject of self-help)

으로 긍정적인 평가를 한다(Peseschkian, 2000). 또한 환자의 다문화적 · 역사적(trans-cultural-historical) 배경을 중요시하며 초 이론적 재해석(metatheoretical reinterpretations)에 초점을 둔다. 환자의 행동, 질병 혹은 증상에 대한 문화적이고 역사적인 평가는 그 평가에 따라 대안적인 해석이 가능하고 그 의미가 달라질 수 있다.

▣ 치료 접근

긍정주의 심리치료에서의 치료 접근은 다음의 네 가지로 요약할 수 있다. ① 긍정적인 재해석(Positive reinterpretation), ② 실질적이고 기본적인 인간의 수용력(Basic human capability) 탐색을 통한 자조 능력(Ability of Self-help) 강화, ③ 다양성과의 조화(Unity in Diversity), ④ 문화를 초월한 갈등유발의 네 가지 영역(four fields of conflicts over transcultural categories) 등이 있다(Peseschkian, 1990).

첫째, 긍정적인 재해석은 치료가 시작되는 시점에서 나타나는 실제적인 사실에 초점을 두며, 거기서부터 증상에 대한 다양한 평가를 통하여 치료적인 관점을 변화시키며 그 가운데서 '긍정적' 의미를 얻으려 한다. 즉, 외로움에 대한 불안으로 혼자 있지 못한다고 할 때 '타인과의 관계에 대한 필요가 절실하군요.'라는 긍정적인 재해석을 통해서 환자는 외로움에 대한 불안을 극복하게 되고 질병에 숨겨진 동기나 질병에 대한 심리사회적 조건을 쉽게 다룰 수 있게 된다. 더 나아가 치료자는 환자를 수용하기가 수월해진다.

둘째, 실제적이고 기본적인 인간의 수용력 탐색을 통한 자조 능력 강화는 인간이 본질적으로 타고난 두 가지 기본적인 능력을 기초로 한다. 하나는 '알고자 하는 능력'과 '사랑하고자 하는 능력'이다. '알고자 하는 능력'은 모든 사람은 현실적인 범위 안에서 상호연관성을 인식하려고 한다. 즉, 자신이 누구이며, 어디서 왔는지를 알고자 하며 해답을 얻으려 한다. 이것이 지각 능력이다. '사랑하고자 하는 능력'은 개인의 정서적 영역, 감정 영역으로써 감정적 관계라고도 할 수 있는 영역으로 상호관계성에서 사랑하려고 하는 능력에 대한 표현이다. 치료에서 환자의 두 가지 기본적 능력을 확장시키며 강화해가는 과정은 인간이 자신의 장애를 긍정적으로 재평가할 수 있는 수용력을 가지고 있음을 전제로 한다. 그러므로 치료자는 환자를 고통 받는 수동적인 모습이 아닌 자조 능력이 있는 주관적인 대상(the subject of self-help)으로 대한다.

셋째, 다양성(Unity in Diversity)과 조화를 이루는 것이다. 이는 사람이 자기 주변 세상과 가까운 관계를 가지면서 자신의 능력을 발전시키는 것으로서, 마치 하나의 씨가 환경(흙, 비, 가꾸기)과 상호작용을 통해서 확장되어 풍성한 수확능력을 가지는 것과 같다. 이는 바로 사람이 가지고 있는 순전한 감각 안에 있는 두 가지 능력(지적추구능력+사랑에 대한 능력)과 버금가지는 않으나 그 능력의 형태 내에서 가족과 사회의 관계적인 구조와 개인의 삶의 경험을 통해서 적응해 가는 능력이다. 인간은 본질적으로 선하고 타고난 수용 능력을 가지고 있으므로 자기의 능력을 환경과 바람직한 상호작용을 통해서 개발할 수 있는 기본적인 능력들이 있다고 보며, 치료를 통해서 다양성에 조화를 이루어 가게 한다.

넷째, 문화를 초월한 갈등유발의 네 가지 영역을 다룬다. ① 신체−감각, ② 이성−성취, ③ 관습−교제, ④ 직관−미래 등이다. 사람들은 서로 다른 문화 속에서도 갈등의 내용이 모두 다름에도 불구하고 갈등을 유발하는 가능성이 공통적인 구조를 지니고 있다는 것이다.

▣ 치료전략의 다섯 단계

긍정주의 심리치료의 기법으로서는 다음의 다섯 단계 치료전략 절차를 따른다.

□ 1단계: 관찰하기/거리두기

환자는 글로써 무엇 때문에 또는 누구 때문에 그리고 언제 화가 나는지 어떤 상황에서 즐거운지를 보고한다. 치료자는 긍정적인 해석을 하고 초문화적인 측면, 즉 환자가 경험한 예증을 들어 환자의 지혜를 끌어낸다.

□ 2단계: 환자에 대한 목록 작성하기

환자가 가진 잠재성을 확인하는 단계이다. 체계적인 면담을 통해서 환자의 갈등과 실제 능력을 분별하게 하여 어떤 관련이 있는지를 찾는다. 어떤 형태의 갈등이 어떤 상황에서 두드러지게 긍정적 또는 부정적으로 나타나는 지 그리고 누구와 관련되어 그러한 경향이 드러나는지를 찾고 그러한 문제를 어떻게 해결해 왔는지를 작성한다.

□ 3단계: 상황격려

환자가 원활하게 대처했던 상황을 격려하는 것이다. 상대방을 비판하는 대신에 현상을 긍정적으로 보도록 지지해 준다. 또한 환자의 주변 환경과 관련된 삶 속에서 일어나는 사건들을 긍정적으로 볼 수 있었던 능력을 확대하는 것이다.

□ 4단계: 언어화하기

대화를 단절하지 않고 말로서 상대방(또는 갈등관계에 있는 사람)과 이야기하게 한다. 이는 개인의 주관성에 기초하여 언어로 표현하게 함으로써 배우자끼리 서로 수용하며 발생하는 문제를 함께 상의하는 법을 배우게 된다. 또한 앞으로 6개월 이내에 어떤 미해결된 문제를 해결하고 싶은지 소망을 이야기하게 한다. 내담자의 목표를 과거에서 찾기보다는 미래에 성취하고자 하는 욕구에 초점을 두게 하여 소망을 가지게 함으로써 미래 지향적으로 생각하게 하는 것이다.

□ 5단계: 목표확대하기

증세를 가지기 이전에 성취하려고 했던 목표는 무엇이었으며, 아직도 어떤 것들이 실현 가능한 것으로 남아있는가를 확인하게 한다. 나아가 향후 5년 이내에 성취하고 싶은 것들은 무엇인지 다섯 가지를 나열하게 함으로써 '성취 욕구'를 지지해 주며 그 의미를 확대할 수 있게 하였다(Peseschkian, 2000).

이와 같은 치료적 전략으로 환자가 미해결된 문제를 스스로 해결하도록 자조 능력(ability of self-help)을 향상시키며, 이루지 못했던 성취 욕구를 지지함으로써 소망을 부각시키고 삶에 대한 새로운 의미를 부여하여 새 출발할 수 있게 하는 것이다.

▣ 긍정적 해석에 대한 실제적인 적용 및 치료의 목적

'긍정적인 가능성'을 가지고 있는 실체로서의 모든 인간은 심리적 갈등이나 장애만 가지고 있는 것이 아니라 '기본적 수용력'을 가지고 있는 존재로서 그 능력 및 수용력을 자극하여 실제적으로 활용 가능한 수용력으로 전환해 가도록 격려하는 데 중점을 둔다고 하였다(Resnick, Warmoth, & Serlin, 2001). 이와 같은 치료의 목적을 달성하기 위해서 내담자로 하여금 모든 증상과 모든 질병은 기본적으로 새롭게 재해석하게 한다. 고정된 관점을 변화시키면 그때부터 새로운 해결점을 찾는 기점이 되고 내담자가 새로운 방법을 적용할 수 있는 자조 능력을 가지게 된다는 데 초점이 있다. 내담자는 다양한 증상에 대하여 보통 부정적으로 해석한 진단 때문에 해결이 불가능하고 유쾌하지 않은 것으로 느끼게 되는데, 긍정적으로 재해석을 함으로써 실제적인 필요를 해결할 수 있는 능력을 가지게 된다. 예를 들어, '얼굴이 붉어지는 것을 긍정적으로 표현한다면 무엇일까?' '나를 억제함으로써 어떤 유익을 얻는가?' '불면증이나 다른 수면 장애 때문에 어떤 기능이 충족되는가?' '내가 걱정하고 있다면 그 걱정은 무엇을 의미하는가?' 즉, 자신의 장애를 건강과 복지와 연결 지어 전통적인(보통 부정적인 색깔을 띠는) 관념으로 생각하는 것을 뛰어 넘어 새롭게 이해함으로써 자신의 증상에 대해 '긍정적'인 의미를 얻는 것이다(Peseschkian, 1990). 그래서 긍정적인 재해석은 오래된 개념을 기본적으로 다시 재고하면서, 내담자에게 적용할 만한 대안적인 해석과 치료 방안을 찾도록 자극한다.

긍정주의 심리치료 5단계 프로그램의 기본 철학

긍정주의 심리치료는 초점 지향적 치료 모델이라 할 수 있다. 즉, 관심의 초점은 내담자의 잠재 능력에 맞추어져 있으며, '한 사람'은 '한 사람 이상의 의미'를 가진 육체-정신-영혼(Body-Soul-Spirit)의 결합체로서 재통합할 수 있도록 준비시키는 것을 지향하고 있다. 그러므로 인간이 태어날 때부터 지니고 태어난 기본적 잠재 능력[사랑하는 능력(Ability to love), 인지 능력(Ability to know)]을 실제 삶에 활용 가능한 능력으로 계발하여 자조 능력(Ability of Self-help) 향상 훈련에 치료의 목표을 둔다.

긍정주의 심리치료는 단기치료 접근에도 효과가 매우 탁월하다. 연구진의 임상치료 결과에 따르면, 대체로 눈에 띄게 상태가 호전되거나 짧은 기간(6~10회의 치료회기) 안에 치료 목적을 성취할 수 있음을 제언하고 있다. 이 경우는 각각의 치료자가 내담자 치료 목적에 맞게 본 프로그램 회기를 축소, 재구조화하여 사용할 수 있다. 또한 연구자들의 오랜 기간 임상 연구를 통해서 다른 치료 방법과 비교해 보았을 때, 가히 효과적인 대안치료라고 할 수 있는 프로그램이다(긍정주의 심리치료 p. 14).

▣ 프로그램에는 개인이 자신의 내면을 탐색하는 데 적절한 도구가 수록되어 있다

- 각 단계의 회기마다 치료자의 도움보다 내담자 자신의 내면을 스스로 탐색하여 발전적인 방향으로 자기 문제를 수정 · 변화시켜 지속적으로 훈련하는 데 필요한 안내를 제공한다. 자신이 생각하고 조절하고 계획할 수 있는 내용을 단계적으로 적용할 수 있도록 배열하였다.
- 개인이 자신의 감정 일지 기록을 통해서 현재의 모습과 변해야 할 모습을 스스로 생각하여 기록하는 과제를 준다. 내담자가 지속적으로 자신의 약한 모습을 새로운 행동유형으로 바꾸어 갈 수 있도록 훈련하여 자조 능력(Ability of Self-

help)을 발전시켜 간다.

- 자기 스스로 변화를 이루어 가는 데 적극적인 태도를 가지도록 돕는다. 이를 위해 각 회기마다 자조 능력을 향상시켜 갈 수 있는 심리치료 접근법이 소개되어 있다. 효과적인 의사소통, 유익한 갈등해결 방법, 자신이 조절할 수 있는 분노 조절 방법, 삶의 에너지 재분배를 통한 희망적 자기 미래를 설계해 보는 새로운 자기로의 변화 계획 등을 통하여 스스로 긍정적인 인간관계를 개선해 갈 수 있도록 돕는 프로그램이다.

프로그램 사용 안내

▣ 프로그램의 구성

프로그램의 개요와 내용은 표로 도식화하였다. 프로그램 내용에 비고란을 두어 치료자가 쉽게 이해하고 적용할 수 있도록 구성하였다. 각 단계는 크게 프로그램 개요, 프로그램 내용, 비고란이 있고 비고란에 붙임자료가 안내되어 있다. 이 프로그램 워크북을 사용하고 적용해 보는 기회가 늘어남에 따라 치료자의 상담전문성은 점점 더 향상될 수 있을 것이다.

- 프로그램 개요: 각 단계 별 프로그램의 목적이 제시되어 있다. 나아가 각 단계별 주제가 기술되어 있다.
- 프로그램 내용: 각 회기별 주제와 주제에 따른 접근 방법이 제시되어 있다. 초보 치료자라 할지라도 접근 방법에 따라 내담자에게 쉽게 적용할 수 있도록 안내하고 있다. 치료접근법에 따른 이론 설명, 회기별 순서 및 탐색 작업에 따른 방법 등이 유용하게 구조화 되어 있어 쉽게 적용할 수 있다. 회기별 심리치료 이론부분에 대한 더 나은 이해를 돕기 위해 긍정주의 심리치료 교재의 페이지도 수록하였다.
- 프로그램의 회기별 구성: 프로그램은 18회기로 구성되어 있지만, 치료자가 내담자의 상황에 맞게 적절하게 선택하여 내담자 맞춤형 프로그램으로 만들기 위해 회기를 줄여 사용하거나 늘릴 수도 있고, 회기 순서를 바꿀 수도 있다.

- 비고란: 매 회기 치료 접근마다, 내담자의 협조와 이해를 돕기 위해 붙임자료를 안내하고 있다. 붙임 자료는 내담자가 수행할 과제에 대한 이론 설명지와 기록지가 첨부되어 있다.
- 붙임자료: 붙임자료는 내담자에게 필요한 자료다. 내담자가 회기 별 치료 내용에 대한 이론을 잘 이해하여 과제를 할 때 쉽게 적용 할 수 있도록 설명 자료를 안내하고 있다.

▣ 분화분석도구 DAI(Differentiation Analysis Inventory)

- 서로 다른 성격 이해를 돕는 도구 역할을 한다. MBTI와 유사하게 사용 가능한 도구다. 갈등관계에 있는 상호 이해에 매우 유익하게 사용된다(예, 부부, 가족구성원 및 사회적 관계 간의 이해).
- 치료자에게 의존하는 치료가 아니라 내담자 자신의 문제를 스스로 탐색 발전시켜 갈 수 있도록 도구화되어 있어 치료자의 역량에 따라 자유롭게 사용할 수 있다.

▣ 각 단계 회기별 프로그램 내용에 대한 사전 숙지

- 치료자가 상담에 참고할 수 있도록 편집되어 있다. 상담회기 내용에 따라 순서대로 상담해 나갈 수 있도록 자세하게 설명하고 있다.
- 치료자는 상담에 들어가기에 앞서 그 회기에 무엇을 어떻게 다루어야 할지 미리 숙지하여 이해한다. 내담자에게 과제로 주기 위한 붙임자료도 적절한 사용을 위해 확인해 둔다.
- 프로그램의 더 나은 이해를 위해, 긍정주의 심리치료 교재에 수록되어 있는 치료적 예화, 서로 다른 문화에 따른 심리적 차이점 및 기본 배경 이론 등을 찾아볼 수 있도록, 본 교재, 긍정주의 심리치료의 페이지를 안내하였다.
- 치료자는 각 단계별 회기 내용 안내를 통해서 내담자에게 안내해야 할 것, 과제

로 주어야 할 것 등에 대한 선수과제가 무엇인지를 미리 참고하여 준비해 둔다(비고란에 표시된 붙임자료에 구체적인 안내가 있다).

▣ 각 단계 프로그램 내용면 옆에 있는 비고란 사용법

- 비고란에는 각 상담회기에 일어나는 심리 상담 접근에 대하여 내담자의 이해를 돕기 위해 붙임자료를 안내하고 있다(필요한 회기에만 첨부한다. 붙임자료는 내담자에게 필요한 자료다).
- 붙임 자료는 치료 회기마다 필요한 부분을 내담자에게 복사해 주어 과제 할 때 참고 할 수 있게 한다. 해당 회기 내용면 바로 뒤 쪽에 붙임 순서대로 알기 쉽게 번호도 삽입되어 있어서 그 회기에 다루는 내용에 맞추어 사용이 가능하다(그러나 다른 회기에 접목할 수 있는 것도 있다).
- 붙임자료의 설명지와 기록지는 내담자의 자기 탐색에 유익한 도구다. 내담자의 자기탐색을 통해서 장기화 될 가능성이 있는 상담시간 및 회기를 줄이는 데 유익하게 활용할 수 있다.

☞ 설명지: 내담자의 이해를 돕기 위한 것이다. 내담자가 집에 가서 자신을 통찰해 보며 내적 탐색을 할 수 있도록 구성된 것으로, 내담자가 어떻게 기록하는지에 대한 설명을 참조할 수 있다.

☞ 기록지: 내담자가 기록할 수 있는 용도로 제시되어 있다. 과제로 줄 때 설명지와 함께 복사하여 내담자에게 전달하면 참고에 도움이 된다.

▣ 상담 기록지 사용방법

매 회기별 상담진행 사항을 상담기록지에 기록한다.

▣ 부록 사용 안내

- 부록에 있는 기본적 잠재 능력(p. 152)을 탐색해 내는 특별한 질문을 사용하여

치료자의 필요에 따라 내담자 심리측정 검사지로 만들어 쓰면 유익하다. 또한 활용 가능한 잠재 능력의 긍정적인 활성화를 도출해 내기 위해 필요한 내용을 적절하게 치료에 접목하면 유용한 치료적 도구가 될 수 있다.

- 심리 내면에 숨어 있는 기본적 잠재 능력인 '사랑의 능력' '인지 능력'을 탐색, 도출해 낼 수 있는 질문도 수록되어 있다.
- 부록에 있는 도구 및 도표는 내담자의 내면 탐색이 가능한 중추적 역할을 한다.
- 나, 우리, 당신(부모, 형제, 배우자 포함)과 나와의 관계성 및 사회 문화적 관습과 전통 등에 대한 내담자 주변 인물, 내담자 및 가족의 태도 등을 유추해 볼 수 있다.
- 특히 역동적 심리통찰 접근이 훈련되지 않은 초보 상담자도 이 긍정주의 심리치료 프로그램을 적용해 가노라면 내담자의 성격형성, 생각, 행동유형을 파악하는데 크게 도움을 얻을 수 있다.
- 초보 치료자에서부터 능숙한 전문 치료자까지 모두 자유롭게 사용할 수 있도록 유익한 질문을 부록에서 제시하고 있다.
- 개인 내면의 문제인 분화, 분리, 융합 욕구가 어떤 패턴으로 나타나는지를 예측해 볼 수 있도록 인간관계 상호작용 9가지 유형을 수록하였다. 이 유형에 근거하여 개인의 상호작용 스타일을 통찰해 볼 수 있다. 또한 무엇이 문제가 되는지를 발견하고 내담자의 문제를 해결해 갈 수 있는 방안을 찾아본다.

부록에 수록되어 있는 내용을 치료회기에 적절하게 접목하여 사용하면 매우 유익할 것이다.

공정주의 심리치료 5단계 프로그램 요약

단계	회기	구분	내용	자료
첫번째 면접	1회기	면접준비	예약(전화 예약)	
			내담자 내방	
			상담신청서 작성	• 상담신청서〈기록지〉
			초기 면접질문지 작성	• 초기 면접 질문지〈기록지〉
			내담자 상담동의서 작성 & 다음 상담 예약	• 상담동의서〈기록지〉
		면접	첫 번째 면접: DAI 분화분석목록/ 기본적 잠재 능력 양식 평가	• 활용 가능한 잠재능력〈용어설명–치료자용〉 • DAI–분화분석목록〈기록지–치료자용〉 • DAI–분화분석목록〈설명지–지도자용〉 • 32세 내담자가 작성한 DAI〈설명지–치료자용〉 • 기본적인 잠재능력 평가지〈기록지〉
			내담자 평가와 치료목표 및 치료계획 세우기	• 치료목표와 치료계획서〈기록지–치료자용〉 • 상담기록지〈기록지–치료자용〉
1단계 관찰하기 & 거리두기	2회기		내담자의 주 호소 내용 파악하기: 융합	• 감정 일지〈설명지 & 기록지〉(붙임 1, 1–1)
	3회기		내담자가 갈등 상황을 객관적으로 분화하도록 돕기: 분화	• 현재 모습 & 변해야 할 모습〈설명지 & 기록지〉(붙임 2, 2–1)
	4회기		내담자가 '현재의 모습과 변해야 할 모습' 탐색하도록 돕기: 분리	
2단계 DAI 작성하기	5회기		내담자 DAI 분화분석목록 작성하기	• DAI–분화분석목록〈설명지–내담자용〉(붙임 3) • 활용 가능한 잠재능력〈설명지–내담자용〉(붙임 4) • DAI–분화분석목록〈기록지–내담자용〉(붙임 5)
	6회기		내담자와 갈등을 일으키는 상대방에 대한 DAI 분석하기	
	7회기		내담자의 DAI 분석하기	

회기	내용	자료
8회기	대응하는 잠재 능력 찾기	• DAI-최고등급 & 상호 대응하는 잠재능력 찾기〈설명지〉(붙임 6) • DAI-최고등급 & 상호 대응하는 잠재능력 찾기〈기록지〉(붙임 6-1)
9회기	상황에 맞는 격려하기	• 심리적 백신〈설명지〉(붙임 7) • 메모카드〈기록지〉(붙임 8) • 이완 훈련과 보완적 · 대안적 수단〈설명지〉(붙임 9)
10회기	언어화하기 단계의 주요 갈등 다루기	• 예의와 정직에 따른 세 가지 반응 유형 (붙임 10)
11회기	자기 개념과 반대 개념(긍정적인 대안점) 이해하기	• 갈등-자기 개념-반대 개념 이해하기 〈설명지 & 기록지〉(붙임 11, 11-1)
12회기	언어화하기 단계(1~3단계): 의사소통 문제 파악 & 의사소통 훈련	• 언어화하기 1~3단계 모델 (붙임 12~12-3)
13회기	언어화하기 단계(4~5단계): 의사소통 기술 습득하기 & 의사소통 연습하기	• 언어화하기 4~5단계 모델 (붙임 12-4, 12-5)
14회기	목표(긍정적 잠재 능력) 확대하기	• 목표의 축소와 확대〈설명지 & 기록지〉 (붙임 13, 13-1)
15회기	에너지 분배하기: 자조(Self-Help) 능력 향상시키기	• 에너지 분배 그래프〈설명지 & 기록지〉 (붙임 14, 14-1)
16회기	목표 확대 위한 일간계획 세우기	• 일간계획 세우기〈설명지 & 기록지〉 (붙임 15, 15-1)
17회기	일간계획표 분석, 실천하기 / 미래 성취 계획표 작성하기	• 미래 성취 계획표〈기록지〉(붙임 16)
18회기	미래 성취 계획표 탐색하기 / 종결 준비, 종결, 추수상담 계획	

차례

머리말 / 3
긍정주의 심리치료의 개념 / 6
유익한 워크북 사용 안내 / 11
긍정주의 심리치료 5단계 프로그램 요약 / 16

첫 번째 면접 • 23

1. 프로그램 개요 & 내용 ··· 24
2. 상담신청서〈기록지〉 ··· 28
3. 초기 면접 질문지〈기록지〉 ··· 30
4. 상담동의서〈기록지〉 ··· 35
5.활용 가능한 잠재 능력〈용어설명 – 치료자용〉 ··· 36
6. DAI – 분화분석목록〈기록지 – 치료자용〉 ··· 38
7. DAI – 분화분석목록〈설명지 – 치료자용〉 ··· 39
8. 32세 내담자가 작성한 DAI〈설명지 – 치료자용〉 ··· 40
9. 기본적 잠재 능력 양식 평가〈기록지 – 치료자용〉 ··· 42
10. 치료목표 및 치료계획 세우기〈기록지 – 치료자용〉 ··· 44
11. 상담 기록지〈기록지 – 치료자용〉 ··· 47

긍정주의 심리치료 1단계 관찰하기 & 거리두기 • 49

1. 프로그램 개요 & 내용 ··· 50
2. 붙임 1 감정 일지〈설명지〉 ··· 53
3. 붙임 1-1 감정 일지〈기록지〉 ··· 54
4. 붙임 2 현재의 모습과 변해야 할 모습〈설명지〉 ··· 55
5. 붙임 2-1 현재의 모습과 변해야 할 모습〈기록지〉 ··· 56

1. 프로그램 개요 & 내용 ········ 60
2. 붙임 3 DAI – 분화분석목록〈설명지 – 내담자용〉 ········ 63
3. 붙임 4 활용 가능한 잠재 능력(삶의 규범)〈설명지 – 내담자용〉 ········ 64
4. 붙임 5 DAI – 분화분석목록〈기록지 – 내담자용〉 ········ 66

1. 프로그램 개요 & 내용 ········ 70
2. 붙임 6 DAI – 분화분석목록 최고의 등급 & 상호 대응하는 잠재 능력 찾기〈설명지〉 ········ 80
3. 붙임 6-1 DAI – 분화분석목록 최고의 등급 & 상호 대응하는 잠재 능력 찾기〈기록지〉 ········ 83
4. 붙임 7 심리적 백신 – 활용 가능한 잠재 능력 증진〈설명지〉 ··· 85
5. 붙임 8 메모카드〈기록지〉 ········ 89
6. 붙임 9 이완 훈련과 보완적 · 대안적 수단〈설명지〉 ········ 90

1. 프로그램 개요 & 내용 ········ 96
2. 붙임 10 예의와 정직 – 3가지 반응 유형〈설명지〉 ········ 111
3. 붙임 11 갈등 – 자기 개념 – 반대 개념〈설명지〉 ········ 113
4. 붙임 11-1 갈등 – 자기 개념 – 반대 개념〈기록지〉 ········ 115
5. 붙임 12 언어화하기 5단계 모델〈설명지〉 ········ 116

6. 붙임 12-1 언어화하기 1단계 – 잘 들어주기〈설명지〉 ······· 117
7. 붙임 12-2 언어화하기 2단계 – 감정 이해하기〈설명지〉 ··· 119
8. 붙임 12-3 언어화하기 3단계 – 상대방의 입장 이해하기 〈설명지〉 ······ 121
9. 붙임 12-4 언어화하기 4단계 – 내 마음 표현하기 〈설명지〉 ······ 124
10. 붙임 12-5 언어화하기 5단계 – 갈등 함께 해결하기 〈설명지〉 ······ 128

긍정주의 심리치료 5단계 목표(긍정적 잠재 능력) 확대하기 • 131

1. 프로그램 개요 & 내용 ······ 132
2. 붙임 13 목표 축소와 목표 확대〈설명지〉 ······ 140
3. 붙임 13-1 목표 축소와 목표 확대〈기록지〉 ······ 141
4. 붙임 14 에너지 분배 그래프〈설명지〉 ······ 142
5. 붙임 14-1 에너지 분배 그래프〈기록지〉 ······ 144
6. 붙임 15 일간계획 세우기〈설명지〉 ······ 145
7. 붙임 15-1 일간계획 세우기〈기록지〉 ······ 146
8. 붙임 16 미래 성취계획표〈기록지〉 ······ 148

부록 • 151

기본적 잠재 능력 ······ 152
활용 가능한 잠재 능력 ······ 171
상호작용 9가지 유형 ······ 182

참고문헌 / 189

첫 번째 면접

1. 프로그램 개요 & 내용
2. 상담신청서〈기록지〉
3. 초기 면접 질문지〈기록지〉
4. 상담동의서〈기록지〉
5. 활용 가능한 잠재 능력〈용어설명 – 치료자용〉
6. DAI – 분화분석목록〈기록지 – 치료자용〉
7. DAI – 분화분석목록〈설명지 – 치료자용〉
8. 32세 내담자가 작성한 DAI〈설명지 – 치료자용〉
9. 기본적 잠재 능력 양식 평가〈기록지 – 치료자용〉
10. 치료목표 및 치료계획 세우기〈기록지 – 치료자용〉
11. 상담 기록지〈기록지 – 치료자용〉

프로그램 개요 & 내용

첫 번째 면접

			과정	자료
첫 번째 면접	1회기	면접 준비	예약(전화 예약)	
			↓ 내담자 내방	
			↓ 상담신청서 작성	• 상담신청서〈기록지〉
			↓ 초기 면접 질문지 작성	• 초기 면접질문지〈기록지〉
			↓ 내담자 상담동의서 작성 & 다음 상담 예약	• 상담동의서〈기록지〉
		면접	↓ 첫 번째 면접: DAI 분화분석목록/ 기본적 잠재 능력 양식	• 활용 가능한 잠재능력〈용어설명-치료자용〉 • DAI-분화분석목록〈기록지-치료자용〉 • DAI-분화분석목록〈설명지-치료자용〉 • 32세 내담자가 작성한 DAI〈설명지-치료자용〉 • 기본적 잠재능력 양식평가〈기록지〉
			↓ 내담자 평가와 치료목표 및 치료계획 세우기	• 치료목표와 치료계획서〈기록지-치료자용〉 • 상담기록지〈기록지-치료자용〉

첫 번째 면접 단계		첫 번째 면접(접수 면접)	
시 간		80분(1시간 20분)	
목 적		• 내담자 진단평가(치료 진행을 위한 면접 보고서 작성) • 상담의 구조화	
단계의 회기별 내용		내 용	비 고
	면접 준비	■ **내담자 상담신청서 작성하기** 내담자가 상담신청서를 작성하도록 안내한다.	• 상담신청서〈기록지〉 (p. 28)

	▣ 초기 면접 질문하기(치료자와 내담자 간의 융합 단계-라포 형성) • 치료자는 초기 면접지를 활용하여 내담자에 대한 정보를 수집한다. • 내담자와 치료자 간의 라포 형성을 위한 단계로 치료자는 "저를 어떻게 알고 오셨나요?"(긍정주의 심리치료, p. 300 참조)라는 질문을 시작으로 초기 면접지를 활용하여 내담자의 기본적인 정보를 수집한다. • 내담자가 직접 기록지에 기록하도록 안내할 수도 있다. **▣ 상담의 구조화: 상담 과정 안내** • 치료에 대한 내담자의 동기부여와 치료 준비를 위한 단계 • 내담자에게 상담 과정에 대해 안내하고 치료 방향을 알려 준다. • 상담과정 안내에 포함되는 내용: 상담시간, 종결여부, 치료회기, 상담비용, 상담시간 변경에 따른 규칙 • 상담회기 간 거리: 한 주에 1회기나 2회기 또는 두 주에 1회기(치료자와 내담자의 협의에 한함) • 상담동의서 작성 안내 ☞ 치료자는 상담과정에 대해 안내한 후 상담동의서를 작성해야 함을 알려 준다. ☞ 상담동의서 작성 후 내담자용은 내담자에게 준다.	• 초기 면접 질문지 〈기록지〉(p. 30) • 상담동의서〈기록지〉 (p. 35)
면 접	**▣ 첫 번째 면접(분화, 분리-통합 단계): DAI 분화분석목록/기본적 잠재능력** • DAI 분화분석목록 치료자용(pp. 38~39)을 활용하여 내담자의 갈등 영역 확인하기 ☞ 치료자는 내담자가 상담신청서(p. 28)에 표시한 갈등 영역(활용 가능한 잠재 능력)을 중심으로 질문한다. • 내담자의 기본적인 잠재 능력 확인하기 ☞ 치료자는 기본적 잠재 능력 평가지(p. 42)를 활용하여 내담자의 기본적 잠재 능력(사랑하는 능력, 인지 능력)을 확인한다.	• 활용 가능한 잠재능력 〈용어설명-치료자용〉 (p. 36) • DAI-분화분석목록 〈기록지-치료자용〉 (p. 38) • DAI-분화분석목록 〈설명지-치료자용〉 (p. 39) • 32세 내담자가 작성한 DAI〈설명지-치료자용〉 (p. 40)

<table>
<tr><td></td><td></td><td>① 내담자가 부모와 어떻게 관계를 형성하고 유지해 왔는지를 평가하는 것
② 내담자의 사랑하는 능력/인지능력의 유형과 선호하는 현실해석 방법의 근원 파악
③ 부록(pp. 152~180)을 참고하여 내담자의 관계 유형(부모, 형제, 자녀, 배우자 및 우리 모두)의 근원을 특별한 질문을 사용하여 탐색할 수 있다.</td><td>• 기본적 잠재능력 양식평가〈기록지-치료자용〉 (p. 42)</td></tr>
<tr><td></td><td></td><td>■ 내담자 평가와 치료목표 및 치료계획 세우기(긍정주의 심리치료 p. 324 참조)

• 치료계획서는 통합적 진단을 바탕으로 작성해야 한다.
☞ 통합적 진단: 심리검사 결과와 암묵적으로 추정한 진단을 종합한다(어떤 진단명, 즉 병을 진단하며 제시하는 것이 아니고, 첫 번째 면접 이후에 나타난 개별적으로 수정할 사항과 이후의 조치에 대한 의사결정이 포함됨).
• 치료계획서에 포함되어야 할 내용(긍정주의 심리치료 p. 326)
☞ 성장 배경
☞ 갈등 상황에 대한 반응
☞ 축소된 사회적(인간)관계
☞ 내담자의 반응 유형과 문제해결 유형
☞ 갈등을 일으키는 영역
☞ 치료자의 견해
☞ 갈등과 직면하는 데 사용하는 대처 수단
☞ 인지 능력 양식과 관련된 선호하는 현실 해석 방법</td><td>• 치료목표 및 치료계획 세우기 〈기록지-치료자용〉 (p. 44)
• 상담기록지 〈기록지-치료자용〉 (p. 47)</td></tr>
<tr><td colspan="2">고려사항</td><td colspan="2">• 치료자는 첫 번째 면접 과정에서 내담자에게 심리적 부담을 주지 않도록 주의해야 한다.
• 상담동의서를 작성하는 것은 통제된 심리치료의 필수조건(수용/경계)으로 진솔성(비밀 보장), 치료의 규칙, 치료회기 시간 약속 등이 포함된다.
• 첫 번째 면접은 주도적 진단 기능이 우선이지만 심리치료적 요소가 포함되어야 한다. (긍정주의 심리치료 p. 299)
• 첫 번째 면접을 포함한 모든 심리치료 회기는 세 단계(융합, 분화, 분리)로 구성되어야 한다.
참고 '내담자'는 치료자와 '융합'을 획득하고자 한다. 자신의 상황과 경험을 제시하고 이어 심리치료적 '분화'에 직면한다. 최종적으로 치료자-내담자 관계에서 좁은 의미의 '분리'를 한다(긍정주의 심리치료, p. 340).
• 회기별 평가 내용에는 다음과 같은 사항이 포함되어야 한다(상담기록지 사용).
☞ 내담자가 전체 치료 과정 중에서 어느 단계에 있는가?</td></tr>
</table>

	☞ 각 회기에서 어떤 경험을 하고 있는가?
고려사항	• 치료자는 모든 심리치료 회기가 끝난 후 상담기록지를 작성한다(상담 중에 짧은 메모는 가능).

상담신청서(기록지)

접수번호: Co. N-	(F / M)

신청일: 　　년 　월 　일 　　　　　　　　　　접수면접자: ________

성 명		성별	남(　) 여(　)
생년월일	년 　월 　일 (만 　세)	종교	
현주소			
연락처	집(Home) : 　　　　직장(Office) : 휴대전화 : 　　　　E-Mail :		
보호자	연락처 : 　　　　(내담자와의 관계 : 　　)		
형제관계	______남 ______녀 중 _______째	종교	
직 업	직업명 : ____________ 　직장명 : ____________ 직 　위 : ____________ 　근무연수 : ____________		
최종학력	① 중학교 졸업 □ ② 고등학교 졸업 □ ③ 전문대학 졸업 □ ④ 대학교 졸업 □ ⑤ 대학원 졸업 □(석사 □ 박사 □) ⑥ 기타 ____________		
상담을 원하는 영역	① 성격 □ ② 학업/진로 □ ③ 개인의 심리갈등, 불안, 분노 □ ④ 부부갈등 □ ⑤ 자녀문제 □ ⑥ 대인관계 □ ⑦ 이성교제 □ ⑧ 혼전상담 □ ⑨ 고부갈등 □ ⑩ 이혼 전 상담 □ ⑪ 신앙상담 □ ⑫ 우울 □ ⑬ 중독 □ ⑭ 기타 ____________		
신청하게 된 경위	① 자진해서 □ ② 선배나 친구 □ ③ 외부인 추천 □ ④ 홍보 안내문 □ ⑤ 기타 ____________		
이전 상담 경험	없다 □ 　있다 □(　년 　월 ~ 　년 　월: 횟수 　회) 　개인 □ 　집단 □		
	이전 상담자 ① 목사 □ ② 정신과 의사 □ ③ 심리전문 치료사 □ ④ 사회복지사 □ ⑤ 전화 · 인터넷 상담 □		
	* 이전 상담경험이 없다면, 주로 고민을 털어놓는 대상은 누구입니까?		
원하는 상담유형	① 개인상담 □ ② 부부상담 □ ③ 가족상담 □ ④ 집단상담 □ ⑤ 기타 ____________		
이전 심리검사 경험	① 적성/진로 □ ② 학업 □ ③ 자아개념 □ ④ MBTI(성격유형) □ ⑤ K-WAIS(지능) □ ⑥ Rorschach(로샤) □ ⑦ MMPI(다면적인성검사) □ ⑧ 기타 ____________		
해 보고 싶은 심리검사	① 성격 □ ② 적성/진로 □ ③ 학업 □ ④ 자아개념 □ ⑤ MBTI(성격유형) □ ⑥ MMPI(다면적인성검사) □ ⑦ 기타 ____________		
질병 유무	① 예 □ (질환명 : 　　　　) 　② 아니요 □		
약물복용 유무	① 예 □ (복용기간 : 　　　　) 　② 아니요 □		
수술 유무	① 예 □ (질환명 : 　　　　) 　② 아니요 □		

유전질환 유무	부모로부터 유전된 질환이 있습니까? ① 예 □ (질환명 :) ② 아니요 □ ↳ 발병 시기는? ______
수면	수면장애가 있습니까? ① 예 □ ② 아니요 □ ↳ 해당하는 수면장애에 V표 해 주십시오. 코골이 ( ) 수면무호흡증( ) 불면증( ) 몽유병( ) 기면증 ( ) 기타 ______
가족질환 유무	가족 중 심리적 장애나 정신질환을 앓는 사람이 있습니까? ① 예 □ ② 아니요 □ ↳ (부□ 모□ 형제□ 자매□ 조부□ 조모 □) ↳ ①에 응답한 경우 해당하는 장애나 질환에 V표 해 주십시오. 우울증( ) 조울증( ) 공황장애( ) 조현병(정신분열병)( ) 인격장애( ) 섭식장애( ) 불안장애( ) 강박장애( ) 기타 ______

결혼관계	①미혼□ ②초혼□ ③이혼□ ④재혼□ ⑤삼혼□⑥기타□					결혼 기간	년
	관 계	이 름	나 이	학 력	직 업	종 교	친밀감 정도 (상, 중, 하)
가족 사항 –원 가족–							
가족 사항 –현재 가족– (기혼 시 기록)							

갈등 영역	① 시간엄수 □ ② 청결 □ ③ 질서 정연 □ ④ 순종 □ ⑤ 예의 □ ⑥ 정직/솔직 □ ⑦ 충실 □ ⑧ 정의 □ ⑨ 근면/성취 □ ⑩ 절약 □ ⑪ 신뢰 □ ⑫ 인내 □ ⑬ 시간(조절, 계획) □ ⑭ 믿음/희망 □ ⑮ 교제 □ ⑯ 성/성적 특질 □ ⑰ 신앙/종교 □
도움 얻고자 하는 부분 〈간단히 서술〉	• 자기 발전을 위한 통찰: • 부부 갈등 완화:

초기 면접 질문지(기록지)

일 시: ______ 년 ______ 월 ______ 일

시 간: ____ 시 ____ 분 ~ ____ 시 ____ 분(am/pm)

치료자: ______________________

내담자 성명		접수번호	

1. 저를 어떻게 알고 오셨나요?

2. 지금 기분은 어떤가요?

3. 현재 본인을 힘들게 하는 문제는 무엇인가요?

4. 지금 가장 해결하고 싶은 것은 무엇인가요?

사랑하는 능력의 양식에 관한 질문

A. 내담자의 부모에 대한 태도(내담자의 자아상, 자기 평가, 자기 신뢰)

5. 부모님 중에 어느 분이 더 인내심이 많은가요? 그리고 어느 분이 더 화를 잘 내십니까?

6. 누구와 시간을 더 많이 보내셨나요(아버지인가요, 어머니인가요)? 부모님 중 누구를 모델로 삼으셨나요?

7. 부모님 중 어느 분과 대화하는 것을 좋아하시나요?

8. 부모님 중 어느 분을 더 많이 닮으셨나요?

B. 부모가 서로에게 갖고 있는 태도

☞ 배우자와 타인, 삶의 철학, 사물 및 가치관, 각자의 취미 등 추상적인 사물과의 관계

9. 부모님은 서로서로 잘 이해하시는 편이셨나요? 혹 한쪽 부모님이 충실하지 못했습니까?

10. 부모님은 서로 다른 삶의 철학, 각자의 취미, 가치관 등을 존중하는 편이었나요? 혹은 배타적이었나요?

C. 부모가 그들의 환경에 대해 갖는 태도

11. 부모님 중 어느 분이 사람들과 교제하는 것을 더 좋아하셨나요? 어느 분이 더 손님을 많이 부르셨나요?

D. 종교에 대한 부모의 태도

(내담자의 태도와 행동 유형의 일반적 준거 체계인 믿음, 종교, 세계관 이해)

12. 부모님 중에 누가 더 종교적이십니까? 부모님은 미래에 대해 어떤 태도를 가지고 계셨습니까?

〈사랑하는 능력 양식의 도식표〉

	A. 부모에 대한 평가	B. 부모상호 간 태도 평가	C. 환경에 대한 부모의 태도 평가	D. 종교에 대한 부모의 태도 평가
아버지				
어머니				

* 내담자가 느끼는 부모에 대한 평가
(+)는 매우 유연한/긍정적 관계, (−)는 심하게 긴장된/부정적 관계, (+ −)는 무관심/중용적 관계
→ (+)와 (−)는 강도에 따라 3개까지 그려 넣을 수 있다.

인지 능력의 양식에 관한 질문

A. 감각 양식에 관한 질문

13. 당신은 스킨십(skinship)에 대해 어떻게 생각하십니까?

14. 당신은 어머니와 아버지 중에 어느 분과 스킨십을 많이 했나요? 또 부모 중 누구와 스킨십이 더 자연스러웠나요?

15. 배우자는 당신과의 스킨십에 대해서 어떤 태도를 보였나요?

B. 이성 양식에 관한 질문

16. 문제가 있거나 이야기하고 싶으면 누구와 이야기를 하셨나요?

C. 전통/관습 양식에 관한 질문

17. 어릴 때 부모님 중 어느 분이 이야기책을 더 많이 읽어 주셨나요?

D. 직관/환상 양식에 관한 질문

18. 어릴 때 공상에 대해 누구에게 말할 수 있었나요?

〈내담자의 인지 능력 양식의 도식표〉

인 물	감 각	이 성	전통/관습	직관/환상	무의식
내담자에 대한 어머니 태도					
내담자에 대한 아버지 태도					
내담자에 대한 배우자 태도					
내담자 자신에 대한 태도					

* 부모, 배우자가 내담자에 대한 태도

(+)는 민감한/관심 있는, (−)는 둔한/무관심한, (+ −)는 보통(중도 성향)

→ (+), (−)는 강도에 따라 3개까지 그려 넣을 수 있다.

* 감각: 내담자에 대해서 측근들이 감각 있게 대했는지 또는 무감각하게 대했는지에 대한 평가다.
  이성: 내담자의 문제에 대해 측근들이 이성적 · 감정적인가에 대한 평가다.
  전통/관습: 내담자의 현실에 대한 측근들의 관심이 전통적 · 관습적이었는지에 대한 평가다.
  직관/환상: 내담자의 상상, 꿈, 공상 등에 대한 측근들의 관심도에 대한 평가다.
  무의식: 내담자의 억압된 감정에 대해서 측근들의 관심 또는 무관심에 대한 평가다.

상담동의서(치료자용)

본 연구소에서는 여러분의 치료에 보다 나은 도움을 드리고 원활하고 책임있는 상담 진행을 위해 상담 동의서를 받고 있습니다.

* 예약된 시간(연구소의 스케줄과 본인의 스케줄에 맞춰)에 상담을 실시합니다.
* 효과적인 상담을 위하여 상담시간을 꼭 지켜 주시기 바랍니다.
* 상담비는 **매 상담 전에 송금**하시거나 **매 상담 후에 현금으로 지급**하실 수 있습니다.
* 상담시간 변경을 원하실 때는 **최소 24시간 전**에 알려 주시기 바랍니다. 그렇지 않을 경우 **상담비가 책정**됩니다.
* 상담기간 중에 **자살을 시도하지 않을 것**이며, 이에 따른 책임은 연구소나 상담사에게 있지 않음을 밝힙니다.
* **상담 종결을 원할 때는 2회기 정도 미리** 알려 종결 준비를 합니다(내담자에게 유익).

위의 사항에 동의합니다.

년 월 일

이 름 : ____________ 서명 : ____________
보호자 : ____________ 서명 : ____________

상담동의서(내담자용)

본 연구소에서는 여러분의 치료에 보다 나은 도움을 드리고 원활하고 책임있는 상담 진행을 위해 상담 동의서를 받고 있습니다.

* 예약된 시간(연구소의 스케줄과 본인의 스케줄에 맞춰)에 상담을 실시합니다.
* 효과적인 상담을 위하여 상담시간을 꼭 지켜 주시기 바랍니다.
* 상담비는 **매 상담 전에 송금**하시거나 **매 상담 후에 현금으로 지급**하실 수 있습니다.
* 상담시간 변경을 원하실 때는 **최소 24시간 전**에 알려 주시기 바랍니다. 그렇지 않을 경우 **상담비가 책정**됩니다.
* 상담기간 중에 **자살을 시도하지 않을 것**이며, 이에 따른 책임은 연구소나 상담사에게 있지 않음을 밝힙니다.
* **상담 종결을 원할 때는 2회기 정도 미리** 알려 종결 준비를 합니다(내담자에게 유익).

위의 사항에 동의합니다.

년 월 일

이 름 : ____________ 서명 : ____________
보호자 : ____________ 서명 : ____________

활용 가능한 잠재 능력〈용어설명 – 치료자용〉

활용 가능한 잠재 능력 (삶의 규범)	정 의
시간 엄수	스스로 시간을 계획하고 시간을 잘 지키며 다른 사람이 시간을 지키길 기대하는 것
청결	몸, 의복, 매일 사용하는 물건들, 집과 환경뿐 아니라 성격에 이르기까지 '깨끗함'에 대한 태도
질서 정연	자신의 생각과 환경을 정리하는 태도
순종	외부의 권위로부터 나온 요구와 명령을 따르는 것
예의	사람들 상호 간의 관계를 형성하는 것으로, 예절로 표현된다. 여기에는 사려 깊고 자기 자신에게 하는 것만큼 상대방에게도 주의를 기울이 는 것, 겸손 등이 포함된다.
정직/솔직	자신의 요구나 권리를 나누고 정보를 주기 위해 자신의 의견을 터놓고 표현하는 것. 사람들은 진실함과 성실함, 솔직함, 청렴함을 정직이라고 생각한다.
충실	사람들과 안정된 관계를 형성하고 그 관계를 오랫동안 유지하기 위해 믿을 수 있는 방식으로 행동하는 것. 우리 문화에서 충실은 특별히 성적인 문제와 관련된다.
정의	다른 사람의 권리와 자기 자신의 권리 사이에서 균형을 잡는 것
근면/성취	특정한 목표에 도달하기 위해 오랫동안 노력하고 일하는 행동 양식을 유지하는 것. 근면과 성취는 사회에서 명성과 인정을 받으며 성공하는 기준이 된다.
절약	돈, 가치 있는 것, 잠재 능력, 에너지, 경제적인 면 등에서 함부로 쓰지 아니하고 꼭 필요한 데에만 쓰는 것. 절약의 양극은 낭비벽과 인색함이다.
신뢰	어떤 사람을 의지할 수 있을 때 말할 수 있는 것으로 우리가 자리에 없을 때에도 서로 동의한 방식으로 일을 수행할 것이며, 우리의 기대를 실망시키지 않을 것이라고 믿는 것
인내	자기 자신과 다른 사람, 혹은 상황을 있는 그대로 받아들이고 충동적인 행동을 자제하는 능력
시간 (조절, 계획)	자신에게 주어진 시간을 계획하고 활용하는 태도
믿음/희망	믿음이란 자신을 다른 사람의 손에 맡기는 것으로 상대방과 함께 있으면 안전하다고 느끼는 것이다. 희망은 현재를 초월하며 자기 자신, 상대방 그리고 집단의 잠재 능력을 긍정적인 태도로 발달시켜 가는 것
교제	사회적 관계를 돈독히 하고 확립하는 것으로, 이는 동물, 식물 또는 사물을 향해서도 나타날 수 있다.

성/성적 특질	자기 자신이나 상대방과 성적인 혹은 성적으로 동기화된 관계를 정립하는 것. 성은 육체적인 특성(남/여) 및 기능과 관련이 있고, 성적 특질은 애정과 거절의 기준이 되는 개인의 성향적 특성과 관련이 있다(인격, 즉 성품, 태도 등과 같은 기질).
신앙/종교	신앙은 아직은 알지 못하고 있지만, 알 수 없는 것과의 관계를 세우고 이 알지 못하는 부분을 알게 될 때까지 한 걸음씩 다가가는 것이다. 신앙은 자기 자신과 동료의 잠재 능력에 대하여, 그리고 연구되지 않아 아직 알려지지 않은 과학적 진실과 종교에 대하여 생길 수 있다.

DAI – 분화분석목록〈기록지 – 치료자용〉

치료자는 상담 시 내담자의 표현을 다음의 칸에 간단히 기록한다.

활용가능한 잠재 능력(삶의 규범)	나	상대방	구체적인 견해 (누가–어디서–언제–얼마나 자주)
시간 엄수			
청결			
질서 정연			
순종			
예의			
정직/솔직			
충실			
정의			
근면/성취			
절약			
신뢰			
인내			
시간 (조절, 계획)			
믿음/희망			
교제			
성/성적 특질			
신앙/종교			

■ **DAI 작성 시 주의사항: 치료자가 작성** → 내담자의 갈등 해결에 도움을 주기 위해 필요하다.

1. 치료자가 면접 시에 상담신청서에 표시한 갈등 영역을 중심으로 간단히 메모한다. 내담자와 갈등관계에 있는 상대방의 DAI를 먼저 작성하고 내담자의 DAI를 작성한다.
   이때 치료자는 내담자가 상대방과의 관계에서 갈등이 있는 DAI 영역이 무엇인지에 대한 자문을 구하여 참고한다. 그런 후, 내담자의 DAI를 메모한다.
   (단, 부부가 함께 동행한 경우에는 각자에게 물을 수 있다)

2. 상대방과 자신의 삶의 규범 중, 각각의 규범에 대해 긍정적으로 생각되면 (+) 표시를, 부정적으로 생각되는 능력에는 (−) 표시를 한다.
   각각의 규범은 다음과 같은 방식으로 평가할 수 있다.

−−−	−−	−	+−	+	++	+++

← 부정적으로 생각함 — 문제 삼지 않는 영역 — 긍정적으로 생각함 →

3. 각각의 활용 가능한 잠재 능력(삶의 규범)에 대한 의견이나 행동을 기록할 때는 다음의 예시와 같이 구체적으로(언제, 어디서, 얼마나 자주 그리고 누구를 향해 나타나는 행동인가) 기록해 주시오.

〈기록의 예〉

활용 가능한 잠재 능력(삶의 규범)	나	상대방	구체적인 견해 (누가–어디서–언제–얼마나 자주)
시간 엄수	+++	−−−	나는 시간 엄수를 매우 중요하게 생각한다. 남편은 시간을 지키지 않고 별로 중요하게 생각하지 않는다.
청결	++	+++	청결에 대해서는 문제가 없다. 청결에 매우 세심한 주의를 기울이고 특별히 의복과 신체의 청결에 신경 쓴다.

32세 내담자가 작성한 DAI〈설명지 – 치료자용〉

– 우울증, 불안, 남편과의 갈등을 지닌 32세 환자(S부인)가 작성한 분화 분석 목록(DAI, 단순형) 예시 –

(긍정주의 심리치료 p. 364)

활용 가능한 잠재능력 (삶의 규범)	나	상대방	구체적인 견해 (누가–어디서–언제–얼마나 자주)
질서정연	+	+++	나도 질서정연한 편이지만 남편은 아주 까다롭다.
순종	++	+	나는 때때로 명령받는 것에 대해서 반항한다. 하지만 끝에 가서는 지고 만다.
예의	+++	+	인내심이 한계에 다다르지 않는 한, 나는 항상 다른 사람에게 친절하다. 내 남편은 다른 사람들과 잘 지낼 수 있긴 하지만 이해심이 많은 편은 아니다.
정직/솔직	+	++	남편은 확실히 솔직하다. 그러나 나는 자주 내 의견을 솔직하게 말하는 게 어렵게 느껴진다. 남편과 나는 완전히 반대다.
충실	+	+	만일 남편에게 다른 여자가 있다는 이야기를 듣는다면 너무 끔찍한 일일 것이다.
정의	++	+–	나에게 공평한 것은 매우 중요하다. 나는 부당함을 받는 것에 대해 매우 당황하게 된다. 나는 때때로 내 남편이 나와 큰아이에게 부당하게 대한다고 느낀다.
근면/성취	++	++	남편이 잘 정돈된 삶의 방식을 자리 잡으려면 첫 번째로 해야 할 일은 직업을 바꾸는 것이라 생각한다.
절약	+	+	우리는 쓸데없는 일에 전혀 돈을 쓰지 않는다. 단 한 가지, 먹는 데는 돈을 아끼지 않는다. 식비에는 아주 관대하다.
신뢰	++	+–	일에 있어서 남편은 아주 신뢰할 만한 사람이다. 그가 약속을 지키지 않는 유일한 사람은 가족이다.
인내	–	+	남편은 나보다 훨씬 더 인내심이 많다.

시간 (조절, 계획)	+−	−	남편은 시간분배를 적절하게 잘 하지 못한다. 항상 어떤 일이 갑자기 생긴다. 나는 시간을 면밀히 계획한다. 만약에 급한 일이 생기면 내 계획은 모두 망가진다.
신뢰/희망	−−	+	나는 오직 나 자신을 믿으며, 다른 사람은 거의 믿지 않는다.
교제	−−	+	남편은 나보다 훨씬 많은 교제를 한다.
성/성적특질	+−	++	남편은 성관계에서 더 자유롭다. 나는 남편을 많이 사랑하며, 가끔 남편이 오면 어떻게 해야 하지 하고 상상한다. 그러나 막상 시간이 되면 서툴고, 경직되며, 차갑고, 굉장히 억제하게 된다.
신앙/종교	−	−	우리는 종교에 대해서는 무관심하다.

기본적 잠재 능력 양식 평가(기록지-치료자용)

(긍정주의 심리치료 pp. 317~321)

기본적 잠재 능력 양식 평가에서는 (+) 혹은 (−)를 사용하여 등급을 정하였다. (+)는 매우 긍정적 관계, (−)는 부정적 관계, 또는 관계 거부, (+ −)는 무관심/중용적 관계를 나타내는 기호를 의미한다. 그리고 (+), (−)는 그 강도에 따라 3개까지 그려 넣을 수 있다. 내담자에 대한 부모님 태도는 '인내' '시간' '모범' 영역과 관련하여 그들의 애정에 대한 평가다. 이는 내담자와 부모와의 관계성 통찰에 도움이 된다. 어려서부터 내담자에 대한 부모의 관심이 내담자의 '사랑하는 능력' '인지 능력 양식' 형성에 중요한 역할을 한다.

〈양식 1: 사랑하는 능력〉

	어머니	아버지	형제자매
시 간			
인 내			
모 범			

* 부모, 형제자매가 내담자에게 보여 준 태도
(+)는 민감한/관심 있는, (−)는 둔한/무관심한, (+ −)는 보통(중도 성향)
→ (+), (−)는 강도에 따라 3개까지 그려 넣을 수 있다.

〈양식 2: 인지 능력〉

인 물	감 각	이 성	전통/관습	직관/환상	무의식
내담자에 대한 어머니 태도					
내담자에 대한 아버지 태도					
내담자에 대한 배우자 태도					
내담자 자신에 대한 태도					

* 감각: 내담자에 대해서 가까운 사람들이 감각 있게 대했는지 또는 무감각하게 대했는지에 대한 평가다.

이성: 내담자의 문제에 대해 가까운 사람들이 이성적인가 또는 감정적인가에 대한 평가다.

전통/관습: 내담자의 현실에 대한 가까운 사람들의 관심이 전통적이었는지 관습적이었는지에 대한 평가다.

직관/환상: 내담자의 상상, 꿈, 공상 등에 대한 가까운 사람들의 관심도에 대한 평가다.

무의식: 내담자의 억압된 감정에 대해서 가까운 사람들의 관심 또는 무관심에 대한 평가다.

치료목표 및 치료계획 세우기〈기록지 – 치료자용〉

Case *No*:

작성일: 년 월 일 치료자:

성 명		성 별	남 , 여	생년월일	. . . (만 세)
주 소					
연락처	☎ ( ) 휴대전화 :				
보호자	성 명 : 내담자와의 관계 : 보호자 주소 :				

* 가계도

1. 내담자 사정

1) 증 상

2) 성장배경

3) 갈등을 일으키는 영역(DAI 참조)

4) 내담자의 사랑하는 능력 양식(관계를 형성하는 능력과 유지하는 능력)

5) 내담자의 인지 능력 양식(인지 유형과 선호하는 현실해석 방법)

6) 반응 유형(갈등에 대한 반응 방법, 즉 단순한-일차적 유형, 이차적 유형, 이중구속 유형)

7) 내담자의 개념(갈등의 조건, 갈등에 대처하는 방법, 합리화 등)

8) 내담자의 의사소통 능력

2. 치료목표 및 치료계획 세우기

1) 내담자가 생각하는 치료목표

2) 치료자의 치료목표

3) 치료 전략

4) 치료자 소감

상담 기록지〈기록지 - 치료자용〉

치료자: 사례번호:

상담회기: 일 시: 년 월 일 내담자: 치료유형:

긍정주의 심리치료 1단계
관찰하기 & 거리두기

1. 프로그램 개요 & 내용
2. **붙임 1** 감정 일지〈설명지〉
3. **붙임 1-1** 감정 일지〈기록지〉
4. **붙임 2** 현재의 모습과 변해야 할 모습〈설명지〉
5. **붙임 2-1** 현재의 모습과 변해야 할 모습〈기록지〉

프로그램 개요 & 내용

1단계: 관찰하기 & 거리두기

1단계 관찰하기 & 거리두기

2회기	내담자의 주 호소 내용 파악하기	• (붙임 1, 1-1)감정 일지〈설명지 & 기록지〉

- 내담자의 주 호소 내용을 파악하여 기본적 갈등이 무엇인지 파악한다.
- 치료자는 내담자가 자신이 언급한 갈등 상황을 구체적으로 감정 일지에서 서술하도록 돕는다.
- 과제 부여: 감정 일지 작성하기

3회기	내담자가 갈등 상황을 객관적으로 분화하도록 돕기: 분화	• (붙임 2, 2-1)현재의 모습과 변해야 할 모습〈설명지 & 기록지〉

- 2회기 과제 점검하기
- 치료자는 내담자가 자신의 상황을 객관적으로 분리하여 현재의 모습과 변해야 할 모습에 서술하도록 돕는다.
- 치료자는 내담자가 갈등 상황을 이야기할 때 상대방에 대한 비판을 삼가고 관찰한 내용만을 서술하도록 돕는다.
- 과제 부여: '현재의 모습과 변해야 할 모습' 작성하기

4회기	내담자가 '현재의 모습과 변해야 할 모습' 탐색하도록 돕기: 분리

- 3회기 과제 점검하기
- 3회기 과제(현재의 모습과 변해야 할 모습 작성하기)를 중심으로 내담자와 이야기를 나누고, 내담자가 기록한 내용에서 근원적인 문제의 개념을 찾는다.

1단계	관찰하기 & 거리두기
필요 회기 수	일반적으로 3~4회기 * 단, 내담자에 따라 단회로 끝나거나 6주간 계속될 수도 있음
목 적	• 관찰하기를 통해 내담자의 상황을 분석한다. • 내담자가 추상적인 것을 구체적으로 묘사할 수 있는 정도의 수준이 되도록 도와준다. 이때 일반화의 위험성에 주의한다. • 내담자가 자신의 상황으로부터 한 걸음 뒤로 물러나서 자신을 관찰할 수 있도록 한다(거리 두기).
자조 (Self-Help) 증진 Tip	• 상대방의 행동을 관찰한다. 그리고 무엇이 자신을 화나게 하는지 감정 일지에 기록하게 한다. • 자신이 화가 나는 그 상황을 자세하게 묘사한다.

- 상대방을 관찰하는 동안 비판하지 않는다. 이때 의도가 아무리 좋아도 단 한마디의 충고도 하지 말아야 한다.
- 다른 사람들에게 이야기하지 않는다. 자신에게 불안감이 찾아올 때 다른 누구와도 심지어 상대방과도 그 불안에 대해 이야기하지 말라(오직 치료자가 불안을 다루는 적임자다).
- 불안을 이야기하는 대신 불안이 찾아오는 상황에 대해 기록한다.
- '현재의 모습과 변해야 할 모습'에 중점을 두는 접근 방법으로 자신의 갈등을 분리한다. 그리고 바꿀 수 있는 행동 대안으로 접근한다.

	회기	내용	비고
단계의 회기별 내용	2	▣ **내담자의 주 호소 내용 파악하기: 융합(치료자와 내담자의 융합 단계)** • 치료자는 내담자가 이야기하는 주 호소 내용을 중심으로 기본적 갈등을 파악한다. • 치료자는 내담자가 자신이 언급한 갈등 상황을 구체적으로 이야기할 수 있도록 돕는다. <참조 예시> 내담자가 "나는 불안감이 심해요."라고 말할 경우 → 치료자는 내담자의 불안이 나타나는 상황과 불안 심리와 관계된 활용가능한 잠재 능력을 찾아내도록 관심을 기울여 준다. • 내담자의 불안 심리에서 발전하는 갈등 및 오해와 관계있는 개인적 개념이 무엇인지 관찰한다. • 내담자의 실질적인 오해를 탐색한다(주 호소 내용).	• (붙임 1, 1-1) 감정 일지 〈설명지 & 기록지〉 (pp. 53~54)
	2회기 과제	**감정 일지 작성하기** 1주일간 일상생활에서 내담자 자신에게 갈등을 일으킨 사건의 상황과 그때 자신의 감정 기록해 온다.	
	3	※ **2회기 과제 점검하기** ▣ **내담자가 갈등 상황을 객관적으로 분화하도록 돕기: 분화** • 2회기 과제를 중심으로 내담자가 자신의 갈등 상황을 객관적으로 분리하게 한다. • 갈등 상황을 이야기할 때는 상대방에 대한 비판을 삼가고 관찰한 사실에 초점을 두게 한다. • 내담자가 갈등 상황을 이야기할 때 관련없는 제3자를 끌어들이지 않고 자신과 갈등을 일으킨 상대방과의 관계에 초점을 두게 하는 것이 분화에 도움이 된다.	• (붙임 2, 2-1) 현재의 모습과 변해야 할 모습 〈설명지 & 기록지〉 (pp. 55~56)
	3회기 과제	**현재의 모습과 변해야 할 모습 작성해 오기** 현재의 모습과 변해야 할 모습 설명지를 참고로 내담자 자신이 현재의 모습을 파악하고 변해야 할 모습을 작성한다. → 내담자의 발전에 도움이 된다.	

	4	▣ **내담자가 '현재의 모습과 변해야 할 모습'을 탐색하도록 돕기: 분리** • 3회기 과제를 점검한다. • 3회기 과제(현재의 모습과 변해야 할 모습 작성하기)를 중심으로 내담자와 이야기를 나누고, 내담자가 기록한 내용에서 근원적인 문제의 개념을 찾는다(긍정주의 심리치료 pp. 357~360).	
고려사항	성적 특질과 관련된 문제를 가진 부부상담의 경우: 성관계를 3~6주간 금지하는 것이 거리두기에 도움이 됨(이 부분은 내담자가 스스로 결정하도록 한다)		

붙임 1

감정 일지는 일주일간 일상생활에서 당신이 갈등을 경험한 사건의 상황을 기록하고 그때 자신이 느낀 감정을 기록하는 것입니다.

※ 기록할 때의 주의사항

- 1주일 동안 자신에게 갈등을 일으킨 상황이나 자신의 감정, 상대방의 행동 등을 관찰하여 기록합니다.
- 상대방의 행동을 관찰하고, 무엇이 자신을 화나게 하는지 기록합니다.
- 자신이 화가 나는 상황을 자세하게 묘사합니다.
- 상대방의 행동을 기록할 때는 비판이나 판단 없이 사실만을 기록합니다.
- 불안한 감정이 아닌 불안이 찾아오는 상황에 대해 기록합니다.

<참조 예시> 감정 일지

일요일 오후 3시: 산책을 하는 동안 아주 이상한 기분이 들었다. - 어지럽고, 아주 컴컴하고, 우울하고, 불안한 감정이 또다시 찾아온다. 내가 가장 하고 싶은 것은 죽는 일일 것이다.

일요일 저녁: 아이들을 재울 준비를 한다. 어머니는 계속 부산스럽게 왔다 갔다 하신다. 어머니 때문에 나는 내 전체를 온통 흔들어 놓을 만큼 매우 신경질적이 된다. 잠시 후에 전화가 다시 울렸다 아무도 전화를 받지 않는다. 당연한 일이다.

월요일 아침: 딸아이가 일어나서 부엌으로 들어왔다. 딸아이의 시무룩한 얼굴을 보자 화가 치밀어 오르기 시작했다. 딸아이를 때려 주고 싶었다. 미쳐버릴 것 같았다.

붙임 1-1 감정 일지〈기록지〉

치료자: 사례번호:

상담회기: 일시: 년 월 일 내담자: 치료유형:

붙임 2

다음에 당신의 현재의 모습과 변해야 할 모습을 생각하여 기록합니다. 기록할 때는 다음 기준을 참고합니다.

상 황	현재의 모습	변해야 할 모습
나는 무엇에 대해, 언제, 어디서, 누구에게 그리고 어떤 상황에서 화를 냈는가?	나는 어떻게 느꼈고 행동했으며, 무슨 말을 했고 어떤 생각을 했는가? 이런 상황에서 나는 왜 다른 어떤 방식도 아닌 바로 이런 식으로 반응했는가? 나와 관계된 사람들 중 누가 나와 비슷하게 행동했을까? 나의 반응은 나 자신과 다른 사람들에게 어떤 결과를 가져왔는가?	나는 더 좋은 방식으로 다르게 반응할 수는 없었을까? 이런 식의 다른 반응을 했다면 상황이 어떻게 달라졌을까?

<참조 예시> 현재의 모습과 변해야 할 모습

상황

"일요일 오후에 나는 재빨리 방을 정리하고 커피를 마시기 위해 거실 탁자 위에 잔들을 준비하였다. 그때 남편이 들어왔고 탁자 위에 있는 커피 잔을 모두 치워 버리더니 탁자를 대각선 방향으로 옮겼다. 남편의 생각은 이 방법이 방을 더 넓게 사용할 수 있다는 것이다."

현재의 모습

"나는 더 이상 참을 수가 없었다. 그래서 남편에게 크게 소리를 질렀다. "당신은 어쩜 그렇게 당신 어머니랑 똑같아. 당신 정말 짜증나. 나 좀 편히 살게 놔둬요!" 나는 침실로 뛰어 들어갔고, 이런 내가 정말 당황스러웠다. 남편은 그 길로 바로 집을 나갔고, 밤 늦게까지 돌아오지 않았다. 나는 아무것도 하고 싶지 않았고 아이들 때문에 간단한 식사만 준비했다."

변해야 할 모습

"'변해야 할 모습'에 대해서는 아무것도 생각이 나지 않았다. 남편의 까다로운 성격은 나를 거의 반 미치게 만든다. 그런데 다시 생각해 보니, 남편은 자기가 보기에 좋은 방식으로 방을 정리하고 싶었던 것 같다. 실은 탁자를 대각선 방향으로 놓는 것이 아주 나쁘진 않다. 남편이 자기 마음대로 못할 이유도 없다. 내가 화난 것은 내가 정돈해 놓은 것을 그가 믿어 주지 않은 것이다. 시어머니와의 문제는 아마 이것과는 다른 별개의 문제인 것 같다. 우리가 함께 심리치료에서 이 문제에 대해 얘기할 수 있었으면 좋겠다."

붙임 2-1 현재의 모습과 변해야 할 모습(기록지)

치료자:						사례번호:
상담회기:	일시:	년	월	일	내담자:	치료 유형:

• 상황

• 현재의 모습

• 변해야 할 모습

긍정주의 심리치료 2단계

DAI 분화분석목록 작성하기

1. 프로그램 개요 & 내용
2. **붙임 3** DAI – 분화분석목록〈설명지 – 내담자용〉
3. **붙임 4** 활용 가능한 잠재 능력(삶의 규범)〈설명지 – 내담자용〉
4. **붙임 5** DAI – 분화분석목록〈기록지 – 내담자용〉

2단계: DAI 분화분석목록 작성하기

2단계 DAI 작성하기

5회기	내담자 DAI 분화분석목록 작성하기	• (붙임 3) DAI-분화분석목록〈설명지-내담자용〉 • (붙임 4) 활용 가능한 잠재 능력〈설명지-내담자용〉 • (붙임 5) DAI-분화분석목록〈기록지-내담자용〉

↓

• 내담자에게 자신과 갈등을 일으키고 있는 상대방에 대한 DAI 분화분석목록을 작성하게 한다.

6회기	내담자와 갈등을 일으키는 상대방에 대한 DAI 분석하기

↓

• 치료자는 작성한 DAI를 근거로 내담자가 상대방에 대해 긍정적으로 평가한 잠재 능력과 부정적으로 평가한 잠재 능력에 대해 이야기하고 활용 가능한 잠재 능력의 관점에서 분화하도록 돕는다.

7회기	내담자의 DAI 분석하기

• 내담자에게 자신의 활용 가능한 잠재 능력을 평가하고, 갈등이 내재된 활용 가능한 잠재 능력을 찾아보도록 한다.
• 치료자는 내담자가 작성한 DAI를 근거로 갈등 상황에 있는 상대방이나 내담자의 갈등에 대한 태도를 활용 가능한 잠재 능력의 관점에서 분화하도록 돕는다(객관성 있게 분리).

2단계	목록 작성하기
필요 회기 수	일반적으로 3~4회기 * 단, 사례에 따라 단회로 끝나거나 몇 회기(1~2회기) 더 할 수도 있다.
목 적	• 내담자가 가진 자기 개념과 오해하게 된 배경을 이해한다. • 내담자의 활용 가능한 잠재 능력과 양식을 형성시켜 온 학습 과정을 명확히 한다(통찰을 돕는다). • 내담자의 (개인사에서 조건화되어 형성된) 갈등이 내재된 행동 영역(기본적인 갈등)을 파악하고 변화 가능한 행동 영역이 무엇인지 파악한다. • 이 단계의 초점은 분화하는 잠재 능력을 확장시키고 적절하게 감정을 반영하여 감정적 분화를 촉진시키는 것이다.
자조 (Self-Help) 증진 Tip	• 관찰한 것을 DAI에 옮겨 적는다. 이때 긍정적으로 생각하는 능력에는 (+) 표시를, 부정적인 것에는 (-) 표시를 한다. • 행동을 기록할 때는 언제, 어디서, 얼마나 자주 그리고 누구를 향해 나타나는 행동인지를 기록한다.

- 상대방의 DAI를 작성한 후에 자신의 DAI를 작성한다.
- 자신의 활용 가능한 잠재 능력을 평가한다. 그리고 갈등이 내재된 활용 가능한 잠재 능력이 어떠한 것이 있는지 찾아본다.
- 먼저 상대방에 대해 다음으로 자신에 대해 그리고 마지막으로 두 사람의 활용 가능한 잠재 능력에 대한 분석표를 비교해 본다.

	회기	내 용	비 고
단계의 회기별 내용	5	▣ **내담자가 갈등관계에 있는 상대방과 자신에 대한 DAI 작성하기**(긍정주의 심리치료 pp. 363~368) • 내담자에게 DAI에 대해 설명한다. – 활용 가능한 잠재 능력(삶의 규범)에 관한 설명지 참조 • 내담자에게 갈등관계에 있는 상대방에 대한 DAI를 작성하게 한다. • 치료자는 내담자가 DAI를 기록할 때의 태도와 질문 등을 관찰한다. • 치료자는 내담자에게 DAI를 기록하면서 느낀 감정이나 생각에 대해 질문한다. • DAI 기록은 상담 회기 중에 다룰 수도 있고 과제로 줄 수도 있다(p. 52 DAI 작성요령 참조).	• (붙임 3) DAI–분화분석목록 〈설명지–내담자용〉 (p. 63) • (붙임 4) 활용 가능한 잠재 능력 〈설명지–내담자용〉 (pp. 64~65) • (붙임 5) DAI–분화분석목록 〈기록지–내담자용〉 (pp. 66~67)
	6	▣ **내담자가 작성한 상대방에 대한 DAI를 가지고 이야기 나누기** • 치료자는 내담자가 상대방에 대해 긍정적 또는 부정적으로 평가한 활용 가능한 잠재 능력에 대해 이야기를 나눈다. • 내담자와 실제 갈등을 일으키는 문제와 관련된 상대방의 활용 가능한 잠재 능력을 찾는다(DAI를 통해서). • 내담자 자신이 상대방의 부정적인 활용 가능한 잠재 능력에 대해 어떻게 분화할 수 있는지 탐색하게 한다. • 실제 갈등을 넘어 기본적 갈등까지 다루어 준다(갈등을 일으켜 온 이전의 경험까지 살펴볼 수 있다. 이는 기본적 갈등을 근원으로 실제적 갈등이 발생하기 때문이다). <참조 예시> 기본적 갈등 탐색 '시간 엄수'와 '질서 정연' 등에 대한 부모의 태도는 어떠했는가? 어린 시절, 청년기 그리고 그 이후 시기부터 이와 같은 활용 가능한 잠재 능력과 관련하여 떠오르는 기억과 연상되는 것은 무엇인가? 시간 엄수와 관련된 문제와 어려움이 있었는가?	• 내담자와 DAI를 근거로 상담한다.

7	▣ **내담자 자신에 대한 DAI를 가지고 이야기 나누기** • 내담자에게 자신의 DAI를 평가해 보게 한다. • 내담자에게 내재된 갈등이 활용 가능한 잠재 능력이 무엇인지 찾아보게 한다. • 내담자 자신의 DAI와 상대방의 DAI 등급이 서로 어떻게 다른지 비교해 보게 한다. • 내담자가 심하게 느끼고 있는 상대방과의 갈등 중에 치료적으로 가장 다루기 쉬운 갈등을 주제로 선택하여 다룬다. • 치료자는 선택한 주제와 관련된 갈등에 대한 내담자의 부적절한 판단이나 자기개념을 탐색하게 한다. • 내담자가 갈등 상황에 있는 상대방이나 그 갈등에서 거리를 둘 수 있는 방법을 찾게 한다. 이 과정에서 내담자의 설명과 연상을 통해 갈등과 관련된 태도가 좀 더 자세하게 묘사될 수 있다. • 위의 과정을 통해 내담자에게 실제 갈등을 일으키는 영역과 기본적 갈등에서 분화하도록 돕는다.
7회기 과제	DAI 작성(내담자용 DAI 기록은 적절한 치료회기에 과제로 준다.)

DAI 작성하기

- 내담자에게 DAI 기록지를 주고 간단하게 DAI에 대해 설명하고 내담자가 DAI를 기록하게 한다.
  - 이때 활용 가능한 잠재 능력에 대한 간략한 설명이 적힌 설명지를 참고한다(붙임 4).
- DAI 기록지에는 DAI 작성시 설명지 주의사항도 첨부한다.
- DAI를 기록할 때는 상대방의 것을 기록하고 자신의 것을 기록하도록 한다.
  단, 집중력이 낮거나 지능이 낮은 편인 내담자의 경우 DAI를 단계적으로 부분적으로 실시할 수 있으며, 내담자 자신의 DAI를 먼저 작성하도록 한다.
- 치료자가 궁금한 부분에 대해 질문한다.

붙임 3

※ DAI 작성시 주의사항

1. DAI를 작성할 때는 상대방의 DAI를 먼저 작성하고 자신의 DAI를 작성한다.

2. 상대방과 자신의 삶의 규범 중 각각의 규범에 대해 긍정적으로 생각되면 (+) 표시를, 부정적으로 생각되는 능력에는 (−) 표시로 표시하여 등급도 매겨 본다. 각각의 규범은 다음과 같은 방식으로 평가할 수 있다.

−−−	−−	−	+−	+	++	+++

부정적으로 생각함 ← 문제 삼지 않는 영역 → 긍정적으로 생각함

3. 각각의 활용 가능한 잠재 능력(삶의 규범)에 대한 의견이나 행동을 기록할 때는 다음의 예시와 같이 구체적으로(언제, 어디서, 얼마나, 자주 그리고 누구를 향해 나타나는 행동인가) 기록하라.

<참조 예시>

활용 가능한 잠재 능력(삶의 규범)	나	상대방	구체적인 견해 (누가–어디서–언제–얼마나 자주)
시간 엄수	+++	−−−	나는 시간 엄수를 매우 중요하게 생각한다. 남편은 시간을 지키지 않고 별로 중요하게 생각하지 않는다.
청결	++	+++	청결에 대해서는 문제가 없다. 청결에 매우 세심한 주의를 기울이고 특별히 의복과 신체의 청결에 신경 쓴다.

붙임 4

활용 가능한 잠재 능력 (삶의 규범)	정 의
시간 엄수	스스로 시간을 계획하고 시간을 잘 지키며 다른 사람이 시간을 지키길 기대하는 것
청결	몸, 의복, 매일 사용하는 물건, 집과 환경뿐 아니라 성격에 이르기까지 '깨끗함'에 대한 태도
질서 정연	자신의 생각과 환경을 정리하는 태도
순종	외부의 권위로부터 나온 요구와 명령을 따르는 것
예의	사람들 상호 간의 관계를 형성하는 것(예절로 표현된다. 여기에는 사려 깊고 자기 자신에게 하는 것만큼 상대방에게도 주의를 기울이는 것, 겸손 등이 포함된다)
정직/솔직	자신의 요구나 권리를 나누고 정보를 주기 위해 자신의 의견을 터놓고 표현하는 것(사람들은 진실함과 성실함, 솔직함, 청렴함을 정직이라고 생각한다)
충실	사람들과 안정된 관계를 형성하고 그 관계를 오랫동안 유지하기 위해 믿을 수 있는 방식으로 행동하는 것(우리 문화에서 충실은 특별히 성적인 문제와 관련된다)
정의	다른 사람의 권리와 자기 자신의 권리 사이에서 균형을 잡는 것
근면/성취	특정한 목표에 도달하기 위해 오랫동안 노력하고 일하는 행동양식을 유지하는 것(근면과 성취는 사회에서 명성과 인정을 받으며 성공하는 기준이 된다)
절약	돈, 가치 있는 것, 잠재 능력, 에너지, 경제적인 면 등에서 함부로 쓰지 아니하고 꼭 필요한 데에만 쓰는 것(절약의 양극은 낭비벽과 인색함이다)
신뢰	어떤 사람을 의지할 수 있을 때 말할 수 있는 것으로 우리가 자리에 없을 때에도 서로 동의한 방식으로 일을 수행할 것이며, 우리의 기대를 실망시키지 않을 것이라고 믿는 것
인내	자기 자신과 다른 사람, 혹은 상황을 있는 그대로 받아들이고 충동적인 행동을 자제하는 능력
시간 (조절, 계획)	자신에게 주어진 시간을 계획하고 활용하는 태도
믿음/희망	믿음이란 자신을 다른 사람의 손에 맡기는 것으로 상대방과 함께 있으면 안전하다고 느끼는 것, 희망은 현재를 초월하며 자기 자신, 상대방 그리고 집단의 잠재 능력을 긍정적인 태도로 발달시켜 가는 것
교제	사회적 관계를 돈독히 하고 확립하는 것(이는 동물, 식물 또는 사물을 향해서도 나타날 수 있다)

성/성적 특질	자기 자신이나 상대방과 성적인 혹은 성적으로 동기화된 관계를 정립하는 것[성은 육체적인 특성(남/여) 및 기능과 관련이 있고, 성적 특질은 애정과 거절의 기준이 되는 개인의 성향적 특성과 관련이 있다(인격, 즉 성품, 태도 등과 같은 기질)].
신앙/종교	신앙은 아직 알지 못하고 있지만, 알 수 없는 것과의 관계를 세우고 이 알지 못하는 부분을 알게 될 때까지 한 걸음씩 다가가는 것(신앙은 자기 자신과 동료의 잠재 능력에 대하여, 그리고 연구되지 않아 아직까지 알려지지 않은 과학적 진실과 종교에 대하여 생길 수 있다)

붙임 5

활용가능한 잠재 능력 (삶의 규범)	나	상대방	구체적인 견해 (누가–어디서–언제–얼마나 자주)
시간 엄수			
청결			
질서 정연			
순종			
예의			
정직/솔직			
충실			
정의			

근면/성취			
절약			
신뢰			
인내			
시간 (조절, 계획)			
믿음/희망			
교제			
성/성적 특질			
신앙/종교			

긍정주의 심리치료 3단계
수용과 격려

1. 프로그램 개요 & 내용
2. **붙임 6** DAI – 분화분석목록 최고의 등급 &
상호 대응하는 잠재 능력 찾기<설명지>
3. **붙임 6-1** DAI – 분화분석목록 최고의 등급 &
상호 대응하는 잠재 능력 찾기<기록지>
4. **붙임 7** 심리적 백신 – 활용 가능한 잠재 능력 증진<설명지>
5. **붙임 8** 메모카드<기록지>
6. **붙임 9** 이완 훈련과 보완적 · 대안적 수단<설명지>

프로그램 개요 & 내용

3단계: 상황에 맞는 격려하기

3단계 수용과 격려

8회기	**대응하는 잠재 능력 찾기**	• (붙임 6, 6-1) DAI-최고등급 & 상호 대응하는 잠재 능력 찾기 〈설명지 & 기록지〉

- 7회기 과제 점검하기
- 최고의 등급 찾기
  ☞ 내담자가 작성한 DAI에서 긍정적, 부정적 잠재 능력 3가지를 찾고 등급을 매기게 한다.
- 한쌍의 잠재 능력 찾기
  ☞ 앞에서 선택한 잠재 능력 중 현재 상황에서 가장 중요한 것으로 보이는 잠재 능력을 한 쌍씩 선택하기
- 대응하는 잠재 능력 찾기
  ☞ 내담자에게 상대방의 (한 쌍의) 활용 가능한 잠재 능력에 대응하는 자신의 활용 가능한 잠재 능력을 찾게 한다.
- 상황에 맞는 격려하기: 수용 및 격려
  ☞ 내담자에게 상황에 맞게 상대방을 격려하는 방법을 설명하고 연습해 본다.
- 격려의 주안점
- 갈등으로 인한 긴장이완을 위한 적절한 기법
- 과제 부여: 한 쌍의 활용 가능한 잠재 능력과 관련된 상대방의 긍정적인 행동 격려해 주기(3~7일)

9회기	**심리적 백신 & 메모 카드 사용하기**	• (붙임 7) 심리적 백신-활용 가능한 잠재 능력 증진〈설명지〉 • (붙임 8) 메모 카드〈기록지〉 • (붙임 9) 이완 훈련과 보완적 · 대안적 수단〈설명지〉

- 8회기 과제 점검하기
  갈등을 해석하는 새로운 대안이 실행 가능하고 수용할 만한 것이었는지 확인하기
- 심리적 백신 & 메모카드 사용법: 사용법에 대해 설명하고 실습한다.
- 이완 훈련 & 보완적 · 대안적 수단: 내담자의 상황에 따라 이완 훈련과 보완적 · 대안적 수단 등이 필요한 경우 이를 설명하고 연습한다.
- 과제 부여: 내담자가 갈등에 대처할 수 있도록 대안적 요법을 찾아 메모카드를 작성하고 감정이완을 훈련해 본다(붙임 7-심리적 백신, 붙임 8-메모 카드).

3단계	수용과 격려(상황에 맞는)
필요 회기 수	일반적으로 2회기 * 단, 사례에 따라 단회로 끝나거나 몇 회기 더 계속될 수 있음
목 적	• DAI를 통해 자신 및 갈등관계에 있는 상대방의 긍정적 · 부정적 특성을 파악하게 한 후 등급을 매기게 한다. • 상대방의 부정적인 면이 그 행동 자체가 부정적인 것이 아니라 나의 기대를 통해 보았을 때 부정적인 것이 된다는 것을 수용할 수 있게 한다(현재 겪고 있는 갈등을 해석하는 새로운 대안). • 상대방의 긍정적인 행동을 상황에 맞게 간략하고 즉각적으로 격려할 수 있게 한다. • 이 과정을 통해 상대방과의 관계에서 신뢰와 관련하여 새로운 기반을 발전시키게 한다. 이 단계에서 내담사로 하여금 상대방에게 치료자 역할을 하게 한다.
자조 (Self-Help) 증진 Tip	• 모든 사람은 긍정적 · 부정적 특성을 모두 가지고 있다. • 내가 부정적으로 보는 면을 상대방은 부정적으로 생각하지 않을 수 있다. 상대방의 행동은 그 자체가 부정적이기보다는 나의 '장밋빛 환상(기대)'을 통해 보기 때문에 부정적인 것이 된다. • 상대방의 비판받을 행동에 자신의 어떤 기대 및 태도가 어떻게 대응되는지 스스로에게 자문해 보라. 자신의 문제가 더 클 수 있다. DAI를 사용하면, 상대방이 어떤 긍정적 특성과 부정적 특성을 가지고 있는지 가장 잘 확인할 수 있다. • 상대방의 활용 가능한 잠재 능력을 탐색하고 자신이 대응 가능한 잠재 능력을 찾아 기록하게 한다. 즉, 자신의 긍정성을 발전시키기 위해서다. • 상대방을 비판하지 말고, 1~2주 동안 상대방의 긍정적인 행동을 격려하라(내용과 관련된 것을 간략하게, 그 즉시 격려하라). 그리고 이를 통해 상대방과의 관계에서 신뢰에 대한 새로운 기반을 발전시켜라. 이렇게 함으로써 다음 단계를 위한 신뢰의 기틀을 쌓게 된다. • 격려는 비판적인 행동에만 주는 것이 아니라 긍정적인 면에서 당연시되는 행동에도 주어야 한다. 상대방은 전에는 아주 당연한 것으로 여겼던 부분에서 갑자기 자기 가치를 인정받는 것을 느낄 수 있다(이것이 관계를 발전시키는 동력이 된다).

단계의 회기별 내용	회 기	내 용	비 고
	8	※ **7회기 과제 점검하기** ▣ **대응하는 잠재 능력 찾기** □ 최고의 등급 찾기(긍정주의 심리치료 p. 380) • 내담자에게 자신과 갈등을 겪고 있는 상대방의 등급이 매겨진 DAI에서 가장 긍정적으로 평가한 활용 가능한 잠재 능력 3가지, 부정적으로 평가한 활용 가능한 잠재 능력 3가지를 찾아 나란히 기록하게 한다. 각자에게 있는 것과 없는 것을 구별해 봄으로써 상호 인정하고 수용하여 관계를 증진시켜 가게 한다.	• (붙임 6, 6-1) DAI-분화분석 목록 최고 등급 & 상호 대응하는 잠재 능력 찾기 〈설명지 & 기록지〉 (pp. 80~84)

• 극단적인 정도에 따라 등급을 매겨 나란히 배치한다.

<참조 예시> 내담자가 기록한 분화분석목록 참조(긍정주의 심리치료 p. 364)

내담자의 DAI		상대방의 DAI	
긍정적인 것(+)	부정적인 것(-)	긍정적인 것(+)	부정적인 것(-)
1. 시간엄수(+++)	1. 교제(--)	1. 질서정연(+++)	1. 시간엄수(---)
2. 예의(+++)	2. 신뢰/희망(--)	2. 근면/성취(++)	2. 정의(+-)
3. 정의(++)	3. 인내(-)	3. 교제(++)	3. 시간(조절, 계획)(-)

□ 상호 대응하는 잠재 능력 찾기(긍정주의 심리치료 p. 381)

◎ 탐색

앞에서 내담자자가 긍정적 · 부정적으로 평가한 활용 가능한 잠재 능력(6가지) 중 현재 가장 중요한 것으로 생각되는 상대방의 긍정적 잠재 능력 한 가지와 부정적 잠재 능력 한 쌍을 선택하게 하여 갈등의 근원(실제적 갈등/기본적 갈등)을 탐색한다.

참고 연구결과 앞에서 평가한 활용 가능한 잠재 능력 6가지를 모두 다루는 것은 유익하지 않은 것으로 나타났기 때문이다.

8 <참조 예시> 내담자가 한 쌍으로 선택하여 카드에 기록한 상대방의 잠재 능력

상대방 한 쌍의 활용 가능한 잠재 능력	질서정연(+++)/시간엄수(---)
내담자 대응하는 잠재 능력	시간(+-)

→ 내담자는 유난히 시간 엄수를 강조하는 사람이었다. 그녀는 남편이 시간을 안 지키는 것을 못견뎌한다. 다음과 같이 대응하는 내담자의 잠재 능력을 탐색 · 적용해 보게 한다.

□ 내담자가 가장 선호하는 DIA 선택
(긍정주의 심리치료 p. 381)

• 상대방의 긍정적 · 부정적 활용 가능한 잠재 능력이 각각 내담자 자신에게 어떤 영향을 주는지 탐색하게 한다.

• 내담자가 상대방의 활용 가능한 잠재 능력에 대응할 수 있는 자신의 잠재 능력을 찾아 선택한다.

• 내담자는 자신의 DAI 중에서 문제 삼지 않는 영역(+-) 중에서 선택하였다.

<참조 예시> 사례에서 내담자는 시간(+-)이라는 활용 가능한 잠재 능력을 선택하여 적용한 경우

• 내담자는 갈등을 일으키는 상대방의 DAI에 바람직하게 대응하기 위하여 시간(계획, 조절)이라는 DAI를 선택하였다.

내담자 대응하는 잠재 능력	시간(계획, 조절)(+ −)

◎ 적용

- 선택한 잠재 능력을 긍정적으로 발전시킬 수 있는 대안을 찾는다.
- '기다림'으로 갈등이 고조되는 대신 다른 것에 주의를 기울여 시간을 보내기 위해 '시간'이라는 잠재 능력으로 대치하였다.
- 그녀가 시간을 조절하여 열악한 잠재 능력을 향상시켜 가기 위해서는 자신에게 가장 바람직한 것이 무엇인지를 고려하여 선택한다. 내담자에게 갈등을 일으키는 상대방의 열악한 DAI(시간 엄수)에 대응하기 위해서 내담자가 선택한 DAI(시간 조절)를 발전시켜 간다.

<참조 예시> 교제의 열악함을 발전시키기 위해서는 사교모임 등에 시간 활용

- 상대방과의 갈등 영역을 자신에게 긍정적으로 발현하게 하여 함께 '윈-윈(win-win)'하는 방법으로 대응하게 한다.
- 그녀는 남편의 최고 긍정성(질서 정연 +++)에도 가치를 부여하고 인정하며 격려하고 감사하게 되었다.

8 이러한 방법으로 내담자가 대응하는 능력에 익숙해지면, 더 이상 대응 능력을 선택할 필요는 없다. 이미 긍정적으로 평가된 자신의 행동방식을 직접 강화하는 것이 바람직하다.

→ 이는 긍정적인 것을 더 활성화함으로써 남편에게 지나치게 의존적이었던 내담자의 나약함을 강인한 자신감으로 발전시키기 위함이다.

□ 대응하는 잠재 능력 키우기의 주안점

긍정주의 심리치료는 행동치료와는 대조적으로 비판의 대상이 되는 부정적 행동에 근거하여 소거에 목적이 있는 것이 아니다. 이미 인간에게 내재되어 있는 사랑하는 능력을 바탕으로 부정적 의사소통 방식을 수정해 나가게 하는 것이다. 이에 따라 긍정성이 발현되게 하여 상대방과의 신뢰 증진으로 관계를 개선해 나가는 데 주안점이 있다.

□ 상황에 맞게 격려하기: 수용 및 격려

- 내담자가 상대방의 부정적인 속성보다 상대방의 DAI 가운데 선택한 6개의 최고 등급을 상황에 맞게 격려한다.

  <참조 예시> 상대방의 무질서한 행동에 대해 화를 내는 대신 상대방의 긍정적인 활용 가능한 잠재 능력 중 질서 정연과 관련된 행동(책상을 정리해 놓은 것)을 찾아 격려함

→ 이러한 칭찬과 격려를 통해 상대방은 자신이 깨끗이 정리하면 내담자에게 즐거움을 준다는 사실을 자각하게 된다. 처음에는 단순한 격려 때문에 책상을 정돈하지만 결국 질서 있게 정돈하는 행동과 관련된 긍정적인 가정을 하게 되고, 그 행동에 대한 강화가 일어난다.

- 격려의 형태
  - ☞ 이때 일반적으로 격려하는 것은 적절하지 않다.

    <참조 예시> 일반적인 격려의 예

    "당신은 멋진 사람이에요." "사랑합니다." "당신은 아름다운 눈을 가졌군요." 등과 같은 일반적인 경우는 구체적이지 않다.

□ 바람직한 격려

- 내용을 직접적으로 언급해 현재의 상황과 연관시켜야 한다.
- 구체적으로 격려해야 한다.
- 긍정적인 행동이 있자마자 즉각적으로 언급해야 한다.
  - ☞ 상대방에 따라 어떤 행태의 격려가 좋은지를 결정해야 하며, 상대방이 분명하게 알 수 있는 방법으로 해야 한다.
- 선택된 긍정적인 행동방식이 일어날 때마다 강화를 하다가 나중에는 불규칙적으로 간격을 두고 강화한다.

8

- 비언어적인 격려: 말로 하지 않더라도 강력한 격려를 할 수 있다.
  - ☞ 고개를 끄덕인다.
  - ☞ 미소를 지어 준다.
  - ☞ 손을 꼭 잡아 준다.
  - ☞ 어깨에 팔을 둘러 주며 눈을 지긋이 마주 바라봐 준다.
  - ☞ 껴안아 준다.

□ 격려의 주안점

- 긍정주의 심리치료에서는 비판의 대상이 되는 행동을 소거하려 하지 않는다. 격려의 주안점은 다음과 같은 과정에 초점을 둔다.

의사소통 방식 수정
비난하지 않는다.

↓

의사소통의 변화
긍정적인 것을 격려해 준다.

↓

상대방과의 신뢰 증진
서로의 존재를 귀히 여긴다.

↓

내담자의 행동 변화
위축되었던 행동이 자신감 있게 된다.

8	<참조 예시> 격려의 예 "당신이 일이 많은데도 제시간에 올 수 있다니 정말 수고하셨네요.(긍정적인 행동 격려)" • 상대방의 긍정적인 행동을 찾아 격려하는 기간: 3~7일 • 상대방의 부정적인 행동이나 태도는 절대 말로 표현하지 않는 대신 기록하게 한다. □ 갈등으로 인한 긴장 이완을 위한 적절한 기법 ◎ 역할극 & 빈 의자 기법 활용 • 상대방의 비판받을 행동과 내담자의 기대 및 태도가 어떻게 대응되는지 '역할극' '빈 의자 기법' 등을 활용하여 상호 간에 이해와 긴장 이완에 도움을 준다(DAI 활용). – 역할극: 치료 장면에서 내담자가 갈등을 일으키는 상대방의 역할을 대신해 보기도 하고, 반대로 상대방이 내담자의 역할을 대신해 보게 하는 것이다. → 상호 감정 이해에 도움이 된다. ☞ 빈 의자 기법 시연: 내담자와 갈등이 있는 상대방이 빈 의자에 앉아 있다고 상상하며 그 사람과 대화를 나누게 하는 것이다. → 억압하여 표현하지 못했던 감정을 표현하게 함으로써 긴장 이완에 도움을 준다.
8회기 과제	**활용 가능한 한 쌍의 잠재 능력과 관련된 상대방의 긍정적인 행동을 격려해 주기** **DAI–최고등급 & 상호 대응하는 잠재 능력 찾기(붙임 6, 6–1)** **(다음 회기 전까지)**
9	※ 8회기 과제 점검하기: 상황에 맞는 격려하기 • 갈등을 해석하는 새로운 대안이 실행 가능하고 수용할 만한 것이었는지 확인한다. 상대방을 잘 격려할 수 있는지의 유무는 내담자가 타인을 격려 또는 비난하는 방식을 어떻게 학습해 왔는가에 따라 다르게 나타난다. • 내담자가 치료의 중심에 서서 자신의 주변 환경, 특별히 갈등 관계에 있는 상대방에게 치료자 역할을 하게 한다. **▣ 심리적 백신 & 메모 카드 사용하기** □ 심리적 백신과 이를 적용한 메모카드 사용법(긍정주의심리치료 p. 389) • 심리적 백신: 갈등을 가져오는 원인이 되며 상대방의 행동, 활용 가능한 잠재 능력과 관계되는 기본적 자기 개념을 대치할 수 있는 대안적 개념이다. 심리적 백신은 내담자의 긴장된

감정을 이완시켜 주는 면역 요인이 된다. 즉, 고려할 만한 좌우명일 수도 있다.

<참조 예시>

자녀의 무질서함과 어머니의 질서 정연에 대한 과도한 규칙이 충돌, 관계가 더 악화되어 자녀양육에 어려움을 느끼는 사례에 대한 심리적 백신: 자녀의 무질서함을 인내할 필요가 있다.

'질서 정연'과 '인내' 구별하기를 배우라.'

- 메모카드 사용방법
  - ☞ 심리적 백신 요법, 즉 갈등에 대처할 수 있도록 내담자에게 대안적 요법을 찾아 메모카드를 작성하게 한다.
  - ☞ 내담자는 갈등을 일으키는 행동방식 중 하나를 다룰 때 항상 이 메모카드를 꺼내 보아야 한다.

    <참조 예시> 내담자가 누군가를 기다려야 하며 시간을 지키지 않는 것에 아주 민감하게 반응할 때, 메모카드를 꺼내서 심리적 백신에 새로운 내용을 추가한다. 이 과정에서 심리 치료적 상황이 시각화되어 불안이 감소할 확률이 높고 진정되어 학습 효과를 가져 온다.
- 긴장(불안/분노)을 무조건 억압하지 않는다. 즉, 긴장 상황을 있는 그대로 이해하기 → 인정하기 → 수용하기를 통해 스스로 안정됨이 중요하다.

9

이완 훈련

□ 이완 훈련의 도입

긍정주의 심리치료에서는 자기 암시적 이완 훈련의 일부를 수정한 형태를 사용

- 이완 훈련에 앞서 호흡치료 방법을 먼저 시작할 수 있다. 숨을 깊게 배꼽 아래 단전까지 들이마시고 잠시 머물고 천천히 내쉰다. → 여섯 번 반복
- 암시를 주는 효과를 지속하기 위해 개별 문장을 반복해서 말할 수 있다(천천히 그리고 강조하면서).
- 자율훈련과 함께 심리적 백신 적용법을 배우며 내담자 스스로 심리치료 회기 중에 간간히 적용해 보게 한다.
- 이완 훈련을 녹음하여 내담자가 집에 돌아가 재생하여 적용해보도록 하는 것도 한 방법이 된다.
- 심리적 백신을 적용할 때는 주어진 시간을 넘지 않도록 한다.

□ 자율 훈련의 실제: 점진적 이완 절차(긍정주의 심리치료 p. 389 참조)

- 자율 훈련 기법은 평온, 나른함, 따뜻함의 세 단계를 하나로 흡수하여 수정하였다.

- (붙임 7) 심리적 백신 〈설명지〉 (p. 85~88)
- (붙임 8)메모카드〈기록지〉 (p. 89)

9	• 자율 훈련 기법(Schultz, 1970) 및 행동치료에서 잘 알려진 '점진적 이완' 절차(Jacobson, 1938; Wolpe, 1982)를 적용하였다. ◎ 평온 • 당신은 지금 매우 편안하게 소파에 누워 있습니다. • 당신의 팔은 매우 평온하게 약간 구부러진 상태로 놓여 있습니다. • 발은 긴장이 풀어져서 발가락이 바깥쪽으로 향해 있습니다. ◎ 나른함 • 편안하게 이완된 상태에서 제가 하는 말에 집중하시기 바랍니다. • 이 말은 현실적으로 이뤄질 수 있는 힘과 영향력을 지니고 있습니다. • 당신의 팔과 다리는 아주 평온하고 나른해지고 있습니다(6번 반복). • 나른한 느낌은 점점 더 강해지고 온몸으로 확장됩니다. • 당신의 몸 전체, 머리에서 발끝까지 점점 더 잘 순환되어 피부의 가장 작은 세포까지 영양분이 공급되고 있습니다. • 순환이 증진되면서 몸 전체가 회복됩니다. ◎ 따뜻함 • 경직된 몸이 점점 더 이완됩니다. • 당신의 몸은 이제 평온하고 나른해지고 유쾌해져 따뜻해집니다. • 이 따뜻함은 당신 몸 전체에서 흘러 넘쳐서 모든 압박과 모든 긴장은 조금씩 사라집니다. • 당신은 평온하게 이완되어 있습니다. • 이완되어 있는 느낌에 주의를 집중하십시오. • 이완된 느낌이 몸 전체로 퍼지고 있는 느낌을 느껴 보십시오. • 지금까지의 이완된 상태에서 다음의 문장에 집중하여 보십시오. '예의'와 '정직' 구별하기를 배워라! (내담자는 이렇게 이완된 상태에서 약 10분간 유지한다) □ 이완 상태에서 원상태로 깨어나기 • 이제 제가 하는 말을 잘 들으십시오. 훈련을 다시 시작하고자 합니다. • 제가 여섯까지 세면 당신은 완전히 활기를 되찾고 깨어날 것입니다.	• (붙임 9) 이완 훈련과 보완적 · 대안적 수단 〈설명지〉 (p. 90~93)

- 하나를 세면, 우선 다리에 힘이 생기는 것을 느끼게 됩니다. 다리를 약간 움직여 보십시오.
- 둘을 세면, 팔에 힘이 생기는 것을 느끼게 됩니다.
- 셋을 세면, 당신은 팔과 다리에 힘이 생기는 것을 느끼게 됩니다.
- 넷을 세면, 오른쪽 팔을 올려 보십시오. 그리고 왼쪽 팔을 올려 보십시오. 양쪽 팔과 다리를 세 번 꽉 조여 보십시오.
- 다섯을 세면, 숨을 깊게 배꼽 아래 단전까지 들이마시고 잠시 머물고 천천히 내 쉽니다.
- 여섯을 세면, 눈을 떠보세요. 상쾌하게 깨어납니다.

보완적 · 대안적 수단

□ 갈등의 시각화(긍정주의 심리치료 p. 391)

- 내담자에게 늘 비판적인 활용 가능한 잠재 능력 때문에 일어나는 고통스러운 갈등 상황을 상상하게 하고, 심리적 백신요법을 적용하게 한다. 이를 몇 번 반복하고 나면 대부분 불안 증세가 현저하게 감소되는 것을 관찰할 수 있다.
- 이와 같은 절차를 거쳐 갈등이 내재된 활용 가능한 잠재 능력과 관련된 불안 증세의 위계가 세워진다.

9
- 내용을 중심으로 하는 갈등을 시각화함으로써 되살아난 불안 증세를 점진적 이완법(앞의 이완 절차)과 접목하여 체계적 둔감화(행동주의 요법: 위계가 세워진 불안 증세를 차례로 둔화시켜 가는 것)를 적용하면 불안 증세를 감소시킬 수 있다.
- 이 훈련은 특히 우울하며 억압이 심한 내담자에게 더 효과적이다.

□ 역설적으로 수정한 의도

역설적으로 내담자에게 활용 가능한 잠재 능력에 초점이 맞추어진 갈등 문제가 무엇인지를 상상하게 한다.

- 다음과 같은 역설적 의도를 반복 훈련하면, 공격성은 피하면서도 강화된 내용에 힘입어 정서적 긴장감이 이완되기 시작하여 치료적 참여가 수월해진다.
- 이 방법은 자아를 소외시키며 자기 합리화하는 무의식적인 습관을 수정하는 데 특히 권장할 만하다.

◎ 갈등문제 떠올리기

시간 엄수가 안 되는 남편 때문에 늘 스트레스받는 상황 경험

◎ 역설적 적용

"남편이 시간을 지키지 않는 것을 기쁘게 생각해요."

9	◎ 치료적 상황 적용 • 이 말을 처음에는 '속으로 말하기'로 표현하고, • 다음에는 속삭이고, • 그다음엔 정상적인 어조로 말하게 하고, • 마지막으로 소리를 치게 한다. □ 긍정적인 행동 프로그램 편성(긍정주의 심리치료 p. 392) • 우세한(또는 이에 대응하는) 잠재 능력을 사용하여 개인의 좌우명을 발전시킨다. 이때 좌우명은 내담자의 갈등에 대응하는 잠재 능력과 관계가 된다. 이때 좌우명이란 내담자의 고조된 감정을 가라앉게 하는 역할을 한다. <참조 예시> 좌우명 나는 남편을 기다리는 시간에 무엇인가 적극적으로 대처하는 법을 배우고 있으며, 남편이 시간을 지키지 않는 습관에 대해서도 긍정적인 태도를 가질 것이다. • 행동 프로그램에서 말로 표현되는 분량은 강한 감정적인 참여가 있기 전까지는 단계적으로 증가하게 된다.	
9회기 과제	**내담자가 갈등에 대처할 수 있도록 대안적 요법을 찾아 메모 카드를 작성하고 감정 이완을 훈련해 본다(붙임 7-심리적 백신, 붙임 8-메모 카드).**	

붙임 6 DAI – 분화분석목록 최고의 등급 & 상호 대응하는 잠재 능력 찾기(설명지)

▣ 대응하는 잠재 능력 찾기

□ 최고의 등급을 찾기(긍정주의 심리치료 p. 380)

- 내담자에게 자신과 갈등을 겪고 있는 상대방의 등급이 매겨진 DAI에서 가장 긍정적으로 평가한 '활용 가능한 잠재 능력' 3가지, 부정적으로 평가한 '활용 가능한 잠재 능력' 3가지를 찾아, 나란히 기록하게 한다. 각자에게 있는 것과 없는 것을 구별해 봄으로써 상호 인정하고 수용하여 관계를 증진시킨다.
- 극단적인 정도에 따라 등급을 매겨 나란히 배치한다.

<참조 예시> 내담자가 기록한 분화분석목록 참조(긍정주의 심리치료 p. 364)

내담자의 DAI		상대방의 DAI	
긍정적인 것(+)	부정적인 것(−)	긍정적인 것(+)	부정적인 것(−)
1. 시간 엄수(+ + +)	1. 교제(− −)	1. 질서 정연(+ + +)	1. 시간 엄수(− − −)
2. 예의(+ + +)	2. 신뢰/희망(− −)	2. 근면/성취(+ +)	2. 정의(+ −)
3. 정의(+ +)	3. 인내(−)	3. 교제(+ +)	3. 시간(조절, 계획)(−)

□ 한 쌍의 잠재 능력 찾기(긍정주의 심리치료 p. 381)

◎ 탐색

앞에서 내담자가 긍정적 · 부정적으로 평가한 '활용 가능한 잠재 능력 6가지' 중 현재 가장 중요한 것으로 생각되는 상대방의 긍정적 잠재 능력 한 가지와 부정적 잠재 능력 한 쌍을 선택하게 하여 갈등의 근원(실제적 갈등/기본적 갈등)을 탐색한다.

참고

연구결과 앞에서 평가한 '활용 가능한 잠재 능력 6가지'를 모두 다루는 것은 유익하지 않은 것으로 나타났다.

<참조 예시> 내담자가 한 쌍으로 선택하여 카드에 기록한 상대방의 잠재 능력

상대방 한 쌍의 활용 가능한 잠재 능력	질서정연(+ + +)/시간엄수(− − −)
내담자 대응하는 잠재 능력	시간(+ −)

→ 내담자는 유난히 시간 엄수를 강조하는 사람이었다. 그녀는 남편이 시간을 안 지키는 것을 못 견뎌하는 것이다. 다음과 같이 대응하는 내담자의 잠재 능력을 탐색 · 적용해 보게 한다.

□ 내담자가 가장 선호하는 DAI 선택(긍정주의 심리치료 p. 381)

- 내담자는 갈등을 일으키는 상대방의 DAI에 바람직하게 대응하기 위하여 시간(조절, 계획)이라는 DAI를 선택하였다.
- 상대방의 긍정적 · 부정적 '활용 가능한 잠재 능력'이 각각 내담자 자신에게 어떤 영향을 주는지 탐색하게 한다.
- 내담자가 상대방의 '활용 가능한 잠재 능력'에 대응할 수 있는 자신의 잠재 능력을 찾아 선택한다.
- 내담자는 자신의 DAI 중에서 문제 삼지 않는 영역(+−) 중에서 선택하였다.

<참조 예시> 사례에서 내담자는 시간(+−)이라는 '활용 가능한 잠재 능력'을 선택하여 적용한 경우

내담자 대응하는 잠재 능력	시간(조절, 계획)(+ −)

◎ 적용

☞ 선택한 잠재 능력을 긍정적으로 발전시킬 수 있는 대안을 찾는다.

☞ '기다림'으로 갈등이 고조되는 대신 다른 것에 주의를 기울여 시간을 보내기 위해 '시간'이라는 잠재 능력으로 대치하였다.

☞ 그녀가 시간을 조절하여 열악한 잠재 능력을 향상시켜 가기 위해서는 자신에게 가장 바람직한 것이 무엇인지를 고려하여 선택한다. 내담자에게 갈등을 일으키는 상대방의 열악한 DAI(시간엄수)에 대응하기 위해서 내담자가 선택한 DAI(시간조절)를 발전시켜 간다.

<참조 예시> 교제의 열악함을 발전시키기 위해서는 사교 모임 등에 시간활용

☞ 상대방과의 갈등 영역을 자신에게 긍정적으로 발현하게 하여 함께 '윈–윈(Win–Win)'하는 방법으로 대응하는 것이다.

☞ 그녀는 남편의 최고 긍정성(질서정연 +++)에도 가치를 부여하고 인정하며 격려하고 감사하게 되었다.

참고

이러한 방법으로 내담자가 대응하는 능력에 익숙해지면, 더 이상 대응 능력을 선택할 필요는 없다. 이미 긍정적으로 평가된 자신의 행동방식을 직접 강화하는 것이 바람직하다.

→ 이는 긍정적인 것을 더 활성화함으로써 남편에게 지나치게 의존적이었던 내담자의 나약함을 강인한 자신감으로 발전시키기 위함이다.

□ 대응하는 잠재 능력 키우기의 주안점

긍정주의 심리치료는 행동치료와는 대조적으로 비판의 대상이 되는 부정적 행동에 근거하여 소거에 목적이 있는 것이 아니다. 이미 인간에게 내재되어 있는 사랑하는 능력을 바탕으로 부정적 의사소통 방식을 수정해 나가게 하는 것이다. 이에 따라 긍정성이 발현되게 하여 상대방과의 신뢰 증진으로 관계를 개선해 나가는 데 주안점이 있다.

붙임 6-1

▣ 대응하는 잠재 능력 찾기

□ 최고의 등급 찾기

- 내담자에게 자신과 갈등을 겪고 있는 상대방의 DAI에서 가장 긍정적으로 평가한 활용 가능한 잠재 능력 3가지, 부정적으로 평가한 활용 가능한 잠재 능력 3가지를 찾아 나란히 기록하게 한다. 각자에게 있는 것과 없는 것을 구별해 봄으로써 상호 인정하고 수용하여 관계를 증진시켜 가는 것이다.
- 극단적인 정도에 따라 등급을 매겨 나란히 배치한다.

내담자의 DAI		상대방의 DAI	
긍정적인 것(+)	부정적인 것(–)	긍정적인 것(+)	부정적인 것(–)
1. ( )	1. ( )	1. ( )	1. ( )
2. ( )	2. ( )	2. ( )	2. ( )
3. ( )	3. ( )	3. ( )	3. ( )

□ 상대방의 잠재 능력과 그에 대응하는 내담자의 잠재 능력 찾기

- 내담자가 긍정적 · 부정적으로 평가한 활용 가능한 잠재 능력(6가지) 중 현재 가장 중요한 것으로 생각하는 상대방의 긍정적 잠재 능력 한 가지와 부정적 잠재 능력 한 쌍을 선택한다.

상대방 한 쌍의 활용 가능한 잠재 능력	
내담자 대응하는 잠재 능력	

□ 내담자는 대응하는 잠재력으로 자신이 가장 선호하는 것을 한 가지 선택하여 바람직하게 적용한다

내담자 대응하는 잠재 능력	

□ '바람직한 대응하기 적용'을 한 결과를 기록한다(붙임 6을 '〈참조 예시〉: 바람직한 대응하기' 참조)

•
•
•
•
•
•
•
•

붙임 7

긍정주의 심리치료 3단계 '수용과 격려'(상황에 맞는 격려하기)에서 기본적인 개념을 뛰어넘을 수 있는 대안을 제공하는 것, 즉 내면에 갈등이 쌓이게 한 근원이며, 전반적인 행동과 관계되고 개별적으로 활용 가능한 잠재 능력과 관계되는 기본 개념을 발전시킬 수 있는 방안을 찾는 것이 중요하다. 이러한 대안적 개념을 '심리적 백신'이라고 한다(긍정주의 심리치료 pp. 387~389).

▣ 심리적 백신

내담자가 가지고 있는 목표와 의미에 대한 개념을 체계화하여 단축시킨 것을 뜻한다.

내담자에게 갈등을 초래하는 행동양식에 대한 해독제로 사용되기도 하고 행동수정을 촉진시키는 의지적인 욕구를 내담자에게 전달하는 촉매제이기도 하다.

'심리적 백신'은 내담자 자신의 본성과 관련 있는 규칙으로서 심리치료 범위 안에서 자신이 변화시키고자 하는 행동과 태도 개념에 대한 대안적 강구책을 채택하려는 동기를 강화하는 것이다. 즉, 이 동기는 내담자의 긴장된 감정을 이완시켜 주는 요인이 된다.

활용가능한 잠재 능력	심리적 백신: 대안적 요법(긴장 이완)
시간 엄수	• 스케줄 달력이 없이는 어떤 약속도 잡지 말라. • 누군가에게 시간이 없다고 정직하게 이야기하는 것이 그를 기다리게 하는 것보다 훨씬 낫다. • 만일 누군가가 늦게 도착한다면, 때로는 그가 아예 오지 않은 것보다 훨씬 나을 때도 있다. • 시계가 둥근 이유는 끝이 곧 다시 시작이기 때문이다. • 시간만큼 귀중한 것은 없다. 또한 시간만큼 낭비하기 쉬운 것도 없다.
청결	• 말을 많이 하지 말고 대신 식사하기 전에 자녀와 함께 손을 씻으라. • 사람이 왜 손을 씻어야 하는지 알고 있다면 손 씻는 일은 더욱 쉬워진다.
질서 정연	• 처음 대략적으로 살펴볼 때 대충 분류하라. • 당장 필요하지 않은 물건을 담는 상자가 있으면 방안이 지저분해지는 것을 막아 준다. • 모든 것을 제자리에 둔다. • 자신이 내려놓은 장소에서 물건을 찾는다. • 어린 아이도 자기 나름대로 정리할 필요가 있으며 특히 놀이에서 그럴 필요가 있다.

	• 다른 사람 물건을 가졌다면 말하라. 그 덕분에 당신 자신과 그는 시간을 낭비하지 않고 곤혹을 치르지 않을 것이다.
순종	• 비명을 지르는 것과 무례한 언행은 결코 순종과 다정한 분위기를 보장하지 않는다. • 예의 바르게 처신하라. • 사람이 어떤 일을 왜 해야 하는지 안다면 좀 더 쉽게 그 일을 할 것이다. • 다른 사람 역시 옳을 수 있다. • 지시를 받으면 즉시 행동하라. 상사는 그 부하에게서 능력과 신뢰를 느낄 것이다.
예의	• 당신의 예의범절 가운데 부족한 면을 조절하면 당신에게 이익이 될 것이다. • 남에게 친절을 베풀어 그 사람에게 준 유쾌함은 곧 자신에게 돌아온다. • 너그럽고 상냥한 태도와 사랑을 지닌 마음, 이것이 사람의 외모를 아름답게 하는 말할 수 없이 큰 힘인 것이다. • 말을 공손하게 하고 표정을 부드럽게 하는 것은 전혀 비용이 드는 것이 아니다. 그럼에도 불구하고 그것은 의외로 큰 이득을 가져오게 된다.
정직/솔직	• 당신이 옳다고 생각하는 것을 말하라. 단, 상대방에게 상처를 주지 않는 방식으로 이야기하라. • 당신의 솔직함 때문에 기분이 상한 사람들은 후에는 당신에게 감사하게 될 것이다. • 당신의 배우자에게 정직하기는 어렵지 않지만 직장과 돈과 관련해서 정직하기는 쉽지 않을 것이다. • 대부분 사람들은 삶의 모든 영역에서 같은 기준의 정직함을 적용하지는 않는다. • 정적한 사람은 신이 만든 최상의 작품이기 때문에 하늘은 정직한 사람을 도울 수밖에 없다. • 하루만 행복하려면 이발을 하고 한 달 동안 행복하려면 말을 사고, 한 해를 행복하려면 새 집을 짓고, 그러나 평생을 행복하려면 정직해야 한다.
충실	• 충실함은 결혼식 날 시작되지 않는다. • 한 사람을 선택하는 것이 두 사람 사이에서 망설이는 것보다 문제가 더 적고, 누구에게도 상처를 입히지 않게 된다. • 배우자가 당신에게 맞지 않는다고 결정했다면, 다른 사람을 찾기 전에 먼저 헤어져라. 이것이 당신과 배우자 모두에게 좀 더 정직한 일이다. • 아무리 아름다운 사랑도 충실함에 의해 해결되는 무수히 많은 사소한 것으로 이루어져 있다.
정의	• 사랑이 없는 정의는 오직 성취와 비교만을 바라보게 한다. • 정의가 없는 사랑은 현실을 조정하는 능력을 상실하게 한다. • 정의와 사랑을 결합시키는 법을 배우라. • 두 사람을 똑같이 다룬다는 것은 그들 중 어떤 한 사람은 불공평하게 다룬다는 것을 의미한다. • 세상에 절대적으로 좋거나 나쁜 것은 없다. 다만 우리의 생각이 그렇게 만들 뿐이다.

근면/성취	• 사람은 훈련의 의미에서, 정보 이상의 것이 필요하다. 또한 훈련에 숙달하기 위해 정서적인 기초도 필요하다. • 교육과 훈련 사이를 구분하는 법을 배우라. • 당신이 일하면서 화를 낼 때 당신이 정말 화가 난 이유가 일 때문인지, 아니면 불쾌한 주변 환경(불공평한 규칙, 동료 사이의 경쟁 등) 때문인지 구분하는 것은 그만한 가치가 있는 것이다. • '성취'가 갈등의 초점이 될 때, 성취를 줄이는 데 목표를 두기보다는 오히려 교제, 자신과의 관계 같은 다른 영역을 발전시키라. • 그날이 가져다주는 의무를 다 할 때까지 하루가 끝났다고 생각지 말라. • 우리는 잠자는 거인보다는 움직이는 난쟁이를 더 인정한다. • 중요한 것은 목표를 이루는 것이 아니라 그 과정에서 무엇을 배우며 얼마나 성장하느냐다.
절약	• 하나의 계획에 모든 돈을 투자하는 것은 복권을 사는 것과 같다. • 돈이 어디에서 생기는지 알기 전까지는 절대 돈을 쓰지 말라. • 당신의 가족과 계획에 대하여 이야기하라. • 가족의 모든 구성원에게 용돈을 주라. • 사람은 돈을 쓰는 법과 저축하는 법을 배운다. • 가지고 싶은 것을 사지 말고 꼭 필요한 것만 사라. 사소한 지출을 주의하라. • 사랑하며 가난한 것이 애정 없는 부유함보다 낫다. • 재산의 수준을 높이기보다는 욕망의 수준을 낮추는 편이 오히려 낫다.
신뢰	• 약속이라는 것에 지시를 받는 것이 아니라 당신 스스로 약속을 정하라. • 한 번 약속을 어겨 신뢰를 잃는 것보다 백 번 거절해서 기분을 상하게 하는 것이 낫다. • 이미 만들어 놓은 약속은 아직 갚지 않은 부채다. • 다른 사람을 믿지 못하는 사람은 그 자신도 다른 사람에게 신뢰를 받지 못한다는 것을 알아야 한다.
인내	• 조급함 때문에 자신을 괴롭힐 필요는 없다. • 당신을 조급하게 하는 것을 기록하라. 당신 때문에 상대방이 조급해지는 이유를 기록하라. • 상대방과 어떤 문제에 대하여 이야기할 때, 그가 당신의 개념을 이해하고 자기 자신의 개념을 보호하는 데 걸리는 시간 동안 그를 그냥 놔두라. • 자신이 참을성이 없는 사람이라고 스스로 확언하고 만족하지 말라. • 만일 인내심을 잃어버렸다면 자신의 행동에 대하여 죄책감을 가지고 사는 것보다 사과하는 것이때때로 더욱 유쾌한 일이 될 것이다. • 오랫동안 요란하게 문을 두드린다면 결국 누군가를 깨우게 될 것이다. • 일의 어려움이 크면 클수록 즐거움은 한결 더할 것이다. • 태양이 어김없이 솟아오르듯이 참고 견디다 보면 보상은 반드시 있는 법이다. • 내 마음의 뜰에 인내를 심으라. 그 뿌리는 쓰더라도 그 열매는 달다.

시간 (조절, 계획)	• 시간에 압박을 더 받는 것과 덜 압박받는 것을 명확히 정하라. • 시간이 없는 사람은 일도 적게 한다. • 사람은 항상 시간이 모자란다고 불평을 하면서 마치 시간이 무한정 있는 것처럼 행동하는 법이다. • 시간은 우리 각자가 가진 고유하고 유일한 재산이다. 그것을 어떻게 사용할 것인지 결정할 수 있는 것은 오로지 우리 자신뿐이다. 결코 남이 우리 대신 사용하지 않도록 조심해야 한다.
믿음/희망	• 믿지 못하는 대신에, 좀 더 정확하고 정직해지라. • 두려움은 당신을 가둬 두지만 희망은 당신을 자유롭게 한다. • 이 세상에는 행운도 불운도 없다. 다만 생각하기에 달렸다. • 희망은 우리 일생의 어느 시기에도 결코 우리를 버리지 않는다.
교제	• 지나치게 많은 휴식은 지나치게 적은 휴식과 마찬가지로 피로를 남긴다. • 당신이 2년 동안 다른 사람이 당신에게 관심을 갖게 하는 것보다 당신이 2달 동안 다른 사람에게 관심을 가짐으로써 더 많은 친구를 사귈 수 있다. • 남의 좋은 점을 발견할 줄 알아야 하고 남을 칭찬할 줄도 알아야 한다. 그것은 자기를 상대방과 같은 위치에 놓는 것이 된다. • 남을 행복하게 하는 것은 향수를 뿌리는 것과 같다. 뿌릴 때도 자기에게 몇 방울 정도는 묻기 때문이다. • 좋은 인간관계를 회복하는 가장 좋은 방법은 남을 고치려 하기보다 나를 변화시키는 것이다.
성/ 성적 특질	• 성/성적 특질과 사랑 사이를 구분하는 법을 배우라. • 성적인 문제와 욕구에 대하여 이야기하라. • 남자와 행복하게 살려면 반드시 그를 이해하려 노력하되 사랑은 조금만 해야 한다(지나친 집착 삼가). 여자와 행복하게 살려면 반드시 그녀를 사랑하되 절대 그녀를 이해하려 해선 안 된다(남성과 여성의 차이). • 남자는 여자에게 모든 것을 바치라고 강요한다. 그러나 여자가 시키는 대로 모든 것을 바치고 헌신적으로 나오면 남자는 그 부담감에 시달린다. • 남자의 사랑은 그 일생의 일부요, 여자의 사랑은 그 일생의 전부다.
신앙/종교	• 신앙, 종교, 그리고 교회를 구분하는 것을 배우라. • 당신 자신, 당신의 잠재 능력, 상대방, 집단, 우상, 이상, 이론, 세계관과 하나님을 믿으라. • 이 세상에 하나님을 본 사람은 하나도 없다. 그러나 만일 우리가 서로 사랑한다면 하나님은 우리의 가슴 속에 머무를 것이다.

붙임 8

갈등을 일으키는 상황	현재의 모습 (감정)	심리적 백신(긴장 이완)

▣ 메모카드

- 심리적 백신요법에서 갈등에 대처할 수 있도록 내담자에게 자신의 행동을 바꿀 수 있는 대안적 요법을 찾아(또는 자신이 탐색한 긴장 이완 요법) 메모카드를 작성하게 한다. → 심리적 백신 참고(붙임 7 심리적 백신〈설명지〉)
- 갈등을 일으키는 행동방식 중 하나를 다룰 때 항상 이 카드를 꺼내 보아야 한다.

  <참조 예시>

  내담자가 누군가를 기다려야 하며 시간을 지키지 않는 것에 아주 민감하게 반응할 때, 카드를 꺼내서 심리적 백신에 새로운 내용을 추가한다. 이 과정에서 심리치료적 상황이 시각화되어 불안을 감소시키게 되고 학습효과를 가져온다.
- 메모카드는 내담자의 상황에 맞게 크기를 조절할 수 있다.

  <참조 예시>

  포켓용, 탁상용 등

붙임 9 이완 훈련과 보완적 · 대안적 수단〈설명지〉

(긍정주의 심리치료 pp. 390~391)

이완 훈련

□ 이완 훈련의 도입

- 긍정주의 심리치료에서는 자기 암시적 이완 훈련의 일부를 수정한 형태를 사용한다.
- 이완 훈련에 앞서 호흡치료 방법을 먼저 시작할 수 있다.
  숨을 깊게 배꼽 아래 단전까지 들이마시고 잠시 머물고 천천히 내 쉰다(여섯 번 반복).
- 암시를 주는 효과를 지속하기 위해 개별 문장을 반복해서 말할 수 있다(천천히 그리고 강조하면서).
- 자율훈련과 함께 심리적 백신 적용법을 배우며 내담자 스스로 심리치료 회기 중에 간간히 적용해 보게 한다.
- 이완 훈련을 녹음하여 내담자가 집에 돌아가 재생하여 적용해보도록 하는 것도 한 방법이 된다.
- 심리적 백신을 적용할 때는 주어진 시간을 넘지 않도록 한다.

□ 자율 훈련의 실제: 점진적 이완 절차(긍정주의 심리치료 p. 389)

- 자율 훈련 기법은 평온, 나른함, 따뜻함의 세 단계를 하나로 흡수하여 수정하였다.
- 자율 훈련 기법(Schultz, 1970) 및 행동치료에서 잘 알려진 '점진적 이완' 절차(Jacobson, 1938; Wolpe, 1982)를 적용하였다.

◎ 평온

- 당신은 지금 매우 편안하게 소파에 누워 있습니다.
- 당신의 팔은 매우 평온하게 약간 구부러진 상태로 놓여 있습니다.
- 발은 긴장이 풀어져 발가락이 바깥쪽으로 향해 있습니다.

◎ 나른함

- 편안하게 이완된 상태에서 제가 하는 말에 집중하시기 바랍니다.
- 이 말은 현실적으로 이뤄질 수 있는 힘과 영향력을 지니고 있습니다.
- 당신의 팔과 다리는 아주 평온하고 나른해지고 있습니다(6번 반복).
- 나른한 느낌은 점점 더 강해지고 온몸으로 확장됩니다.
- 당신의 몸 전체, 머리에서 발끝까지 점점 더 잘 순환되어 피부의 가장 작은 세포까지 영양분이 공급되고 있습니다.
- 순환이 증진되면서 몸 전체가 회복됩니다.

◎ 따뜻함

- 경직된 몸이 점점 더 이완됩니다.
- 당신의 몸은 이제 평온하고 나른해지고 유쾌해져 따뜻해집니다.
- 이 따뜻함은 당신 몸 전체에 흘러 넘쳐서 모든 압박과 모든 긴장은 조금씩 사라집니다.
- 당신은 평온하게 이완되어 있습니다.
- 이완되어 있는 느낌에 주의를 집중하십시오.
- 이완된 느낌이 몸 전체로 퍼지고 있는 느낌을 느껴 보십시오.
- 지금까지의 이완된 상태에서 다음 문장에 집중하여 보십시오.

  '예의'와 '정직' 구별하기를 배우라!

  (내담자는 이렇게 이완된 상태에서 약10분간 유지한다)

□ 이완 상태에서 원상태로 깨어나기

- 이제 제가 하는 말을 잘 들으십시오. 훈련을 다시 시작하고자 합니다.
- 제가 여섯까지 세면 당신은 완전히 활기를 되찾고 깨어날 것입니다.
- 하나를 세면, 우선 다리에 힘이 생기는 것을 느끼게 됩니다.

  다리를 약간 움직여 보십시오.
- 둘을 세면, 팔에 힘이 생기는 것을 느끼게 됩니다.
- 셋을 세면, 당신은 팔과 다리에 힘이 생기는 것을 느끼게 됩니다.
- 넷을 세면, 오른쪽 팔을 올려 보십시오. 그리고 왼쪽 팔을 올려 보십시오.

  양쪽 팔과 다리를 세 번 꽉 조여 보십시오.
- 다섯을 세면, 숨을 깊게 배꼽 아래 단전까지 들이마시고 잠시 머물고 천천히 내 쉽니다.

• 여섯을 세면, 눈을 떠보세요. 상쾌하게 깨어납니다.

보완적 · 대안적인 수단

□ 갈등의 시각화(긍정주의 심리치료 p. 391)

• 내담자에게 늘 비판적인 활용 가능한 잠재 능력 때문에 일어나는 고통스러운 갈등 상황을 상상하게 하고 심리적 백신요법을 적용하게 한다. 이를 몇 번 반복하면 대부분 불안 증세가 현저하게 감소하는 것을 관찰할 수 있다.

• 이와 같은 절차를 거쳐 갈등이 내재된 활용 가능한 잠재 능력과 관련된 불안 증세의 위계가 세워진다.

• 내용을 중심으로 하는 갈등을 시각화함으로써 되살아난 불안 증세를 점진적 이완법(앞의 이완 절차)과 접목하여 체계적 둔감화(행동주의 요법: 위계가 세워진 불안 증세를 차례로 둔화시켜 가는 것)를 적용하면 불안 증세를 감소시킬 수 있다.

• 이 훈련은 특히 우울하며 억압이 심한 내담자에게 더 효과적이다.

□ 역설적으로 수정한 의도

• 역설적으로 내담자에게 활용 가능한 잠재 능력에 초점이 맞추어진 갈등 문제가 무엇인지를 상상하게 한다.

• 다음과 같은 역설적 의도를 반복 훈련하면, 공격성은 피하면서도 강화된 내용에 힘입어 정서적 긴장감이 이완되기 시작하여 치료적 참여가 수월해진다.

• 이 방법은 자아를 소외시키며 자기 합리화하는 무의식적인 습관을 수정하는 데 특히 권할 만하다.

◎ 갈등문제 떠올리기

시간 엄수가 안되는 남편 때문에 늘 스트레스 상황 경험

◎ 역설적 적용

"남편이 시간을 지키지 않는 것을 기쁘게 생각해요."

◎ 치료적 상황 적용

- 이 말을 처음에는 '속으로 말하기'로 표현하고,
- 다음에는 속삭이고,
- 그다음엔 정상적인 어조로 말하게 하고,
- 마지막으로 소리치게 한다.

□ 긍정적인 행동 프로그램 편성(긍정주의 심리치료 p. 392)

- 우세한(또는 이에 대응하는) 잠재 능력을 사용하여 개인의 좌우명을 발전시킨다. 이때 좌우명은 내담자의 갈등에 대응하는 잠재 능력과 관계된다. 이때 좌우명이란 내담자의 고조된 감정을 가라앉게 하는 역할을 한다.

  <참조 예시> 좌우명

  나는 남편을 기다리는 시간에 무엇인가 적극적으로 대처하는 법을 배우고 있으며, 남편이 시간을 지키지 않는 습관에 대해서도 긍정적인 태도를 가질 것이다.

- 행동 프로그램에서 말로 표현되는 분량은 강한 감정적인 참여가 있기 전까지는 단계적으로 증가하게 된다.

긍정주의 심리치료 4단계
언어화하기

1. 프로그램 개요 & 내용
2. **붙임 10** 예의와 정직 – 3가지 반응 유형〈설명지〉
3. **붙임 11** 갈등 – 자기 개념 – 반대 개념〈설명지〉
4. **붙임 11-1** 갈등 – 자기 개념 – 반대 개념〈기록지〉
5. **붙임 12** 언어화하기 5단계 모델〈설명지〉
6. **붙임 12-1** 언어화하기 1단계 – 잘 들어주기〈설명지〉
7. **붙임 12-2** 언어화하기 2단계 – 감정 이해하기〈설명지〉
8. **붙임 12-3** 언어화하기 3단계 – 상대방의 입장 이해하기〈설명지〉
9. **붙임 12-4** 언어화하기 4단계 – 내 마음 표현하기〈설명지〉
10. **붙임 12-5** 언어화하기 5단계 – 갈등 함께 해결하기〈설명지〉

프로그램 개요 & 내용

4단계: 언어화하기

4단계 언어화하기

회기	주제	자료
10회기	**언어화하기 단계의 주요 갈등 다루기**	• (붙임 10)예의와 정직에 따른 세 가지 반응 유형〈설명지〉

- 9회기 과제 점검하기: 심리적 백신과 메모 카드를 적용한 감정이완을 훈련해 본 소감을 점검하여 나눈다.
- 치료자는 언어화하기 단계의 핵심갈등인 '예의와 정직'(활용 가능한 잠재 능력)에 대한 내담자의 경험과 생각을 탐색한다.
- 내담자가 겪는 갈등의 내용을 파악하여 바람직한 의사소통 능력을 발전시켜 가게 한다.

회기	주제	자료
11회기	**자기 개념과 반대 개념을 이해하기**	• (붙임 11, 11-1)갈등-자기 개념-반대 개념〈설명지 & 기록지〉

- 내담자가 가치판단에 대한 자신의 개념을 알도록 한다.
- 치료자는 내담자의 기본 개념에 대한 적절한 반대 개념을 가지고 내담자를 직면시킬 수 있다.
- 내담자가 자신의 개념과 반대 개념의 이해를 돕기 위하여 치료자는 2단계에서 활용한 '현재의 모습과 변해야 할 모습'을 구체적인 상황에 맞게 적용해 본다.
- 과제 부여: 갈등-자기 개념-반대 개념〈설명지 & 기록지〉

회기	주제	자료
12회기	**언어화하기 단계(1~3단계): 기술 습득하기 & 연습하기**	• (붙임 12~12-3) 언어화하기 1~3단계

- 11회기 과제 점검하기
- 내담자에게 언어화하기 단계의 기술 설명하기
- 갈등을 느끼는 구체적인 상황을 설정하고 언어화하기 1, 2, 3단계 기술을 적용하여 연습한다.
- 과제 부여: 갈등관계에 있는 상대방에게 언어화기술 실습하기

회기	주제	자료
13회기	**언어화하기 단계(4~5단계): 기술 습득하기 & 연습하기**	• (붙임 12-4, 12-5) 언어화하기 4~5단계

- 12회기 과제 점검하기
- 갈등을 느끼는 구체적인 상황을 설정하고 언어화하기 4, 5단계 기술을 적용하여 연습한다.
- 과제 부여: 갈등관계에 있는 상대방에게 언어화하기 1~5단계 기술 실습하기

<table>
<tr><td>4단계</td><td colspan="3">언어화하기(긍정주의 심리치료 pp. 401~423)</td></tr>
<tr><td>필요 회기 수</td><td colspan="3">일반적으로 4회기(교재에서 저자가 S부인 사례에서 적용한 회기)</td></tr>
<tr><td>목 적</td><td colspan="3">• 내담자가 언어화하기를 통해 무의식 속에 잠재되어 있는 자기를 통찰하고 의식화할 수 있도록 돕는다.
• 내담자에게 내재되어 있는 예의와 정직의 유형(3가지 유형: 예의바른 유형, 정직한 유형, 우유부단한 유형)이 어떠한지를 조사하여 방해가 되는 요인이 무엇인지 찾아본다.
• 내담자가 갈등을 일으킨 상대방과의 대화에서 적절히 표현하지 못하는 내용과 그에 따른 증상 모두를 잘 구사할 수 있도록 격려한다.
• 내담자와 반대 개념을 가진 상대방이 이해할 수 있는 방법으로 표현하게 한다.
• 내담자가 언어화단계의 기술을 습득하고 갈등관계에 있는 상대방과의 대화에 적용할 수 있게 한다.</td></tr>
<tr><td>자조
(Self-Help)
증진 Tip</td><td colspan="3">• 현재 존재하는 갈등과 문제에 대하여 상대방과 이야기를 나눈다.
• 신뢰 있는 관계 형성을 위하여 상대방이 편안하게 이야기할 수 있게 격려한다.
• 상대방이 불만을 말할 때 그의 이야기를 경청한다(예의바르게 경청한다).
• 자신의 문제를 상대방에게 구체적으로 자세히, 정직하게 말한다(정직하라).
• 현재 문제에 대하여 상식적인 해결의 가능성도 찾아본다.
• 대화를 위한 규칙을 지키라.
• 자신의 생각과 감정을 솔직하게 이야기하는 것에 대한 두려움 때문에 가식적으로 대화한다면 당신과 상대방에게 더 큰 상처를 줄 수 있음을 기억해야 한다.</td></tr>
<tr><td rowspan="2">단계의
회기별
내용</td><td>회 기</td><td>내 용</td><td>비 고</td></tr>
<tr><td>10</td><td>※ 9회기 과제 점검하기: 심리적 백신과 메모 카드를 적용한 감정이완을 훈련해 본 소감을 점검하여 나눈다.

▣ 언어화하기 단계의 주요 갈등 다루기

□ 예의와 정직 다루기
• '예의와 정직'에 대한 내담자의 경험과 생각을 탐색하기: 내담자가 겪는 갈등의 내용을 파악하여 바람직한 의사소통 능력을 발전시켜 가게 한다.
• 내담자에게 DAI의 활용 가능한 잠재 능력 중 '예의와 정직'에 대해 간단하게 설명한다.
☞ 예의: 사람들 상호 간의 관계를 형성하는 중요한 요인이다. 예의가 지나치게 강조되면, 자기 자신의 당연한 욕구나 권리까지 억압하게 된다.
<참조 예시>
"저는 제 의견을 말하는 것이 두려워요. 왜냐하면 제 의견 때문에 다른 사람 기분이 언짢아질까 봐서요."</td><td>• (붙임 10)
예의와 정직-3가지 반응 유형〈설명지〉
(pp. 111~112)</td></tr>
</table>

☞ 정직: 정당한 자신의 요구나 권리를 솔직하게 표현하는 것
정직이 지나치게 강조되면, 타인의 필요와 권리를 무시하고 자신의 권리와 요구만을 주장하게 된다.

<참조 예시>

"저는 언제나 무엇이든지 제 생각을 다 말합니다. 상대방이 좋아하든 좋아하지 않든지요."

- 예의와 정직에 대한 설명이 끝나면 내담자의 경험과 생각을 탐색한다. 탐색을 위해 다음과 같은 질문을 사용할 수 있다.

<참조 예시>

"누구와 그리고 얼마나 자주 예의나 정직과 관련된 갈등이 발생합니까?"

"언제, 어떻게 그런 갈등이 나타납니까?"

"예의와 정직 외에 내재되어 있는 또 다른 갈등의 내용은 무엇입니까?"

10

- 예의와 정직에 관한 기본적 갈등을 알기 위하여 자신의 부모가 보여 준 행동, 태도, 양육방식을 찾아보고 자신이 자랄 때 영향받은 것(성공 혹은 실패)을 탐색한다.
(이때 치료자는 내담자가 예의/정직과 관련되어 이야기를 할 수 있도록 격려하며, 그에 따른 내담자의 행동이 어떻게 드러나는지 상세하게 관찰한다.)
- 내담자에게 관련된 이야기 활용(긍정주의 심리치료 p. 407의 '감사해야 하는 이유' 사례 참조)
- 치료자는 내담자의 예의-정직에 대한 경험과 생각을 탐색하는 과정에서 내담자가 '3가지 전형적인 반응 유형'(예의바른 사람/정직한 사람/우유부단한 사람) 중 어떤 유형에 해당하는지 판단할 수 있다.

3가지 반응 유형	
예의 바른 사람	• 자신의 의견을 마음속에 담아 두지만 타인이 자신이 원하는 것이 무엇인지를 알아차리기를 기대하는 유형 예 "저는 도저히 그것을 말할 수 없어요." "당연히 그 사람들 스스로 알아차려야죠." • 이러한 좌절된 기대가 축적되면, 심인성 질병이나 관계를 기피하는 증상이 나타날 수 있다.
정직한 사람	• 자신의 생각을 즉각적으로 이야기하고 그것이 상대방의 마음에 상처가 되든지 말든지 상관하지 않는 유형

10	정직한 사람	예 "저는 제 생각을 이야기했을 뿐입니다. 그 사람이 제 생각을 어떻게 받아들였든지 전혀 관심이 없습니다." • 융통성 없이 자기 방식대로 밀어붙이므로 자기중심적 · 이기적인 것처럼 보일 수 있으며, 때로 정직한 사람이라는 평가를 받긴 하지만 주변 사람은 모욕감을 느끼기도 하고, 그를 몰상식한 사람으로 간주하기도 한다. 때로 죄책감을 느낄 때도 있지만 궁극적으로 자신의 솔직함에 대해 자부심을 갖는다. 예 "저는 제가 변해야 한다고 생각한 적이 한 번도 없습니다. 진실한 것은 진실한 것으로 남기 때문입니다."
	우유부단한 사람	• 예의와 정직, 공격성과 죄책감 사이에서 결정을 못하는 우유부단한 유형 예 "오랫동안 저는 모든 것을 제 마음속에 묻어 두고 한마디도 이야기한 적이 없었습니다. 그러나 결국엔 제 인내심에 한계가 왔고, 제가 그를 어떻게 생각하는지 다 말해 버렸습니다." • 이러한 상반된 감정의 양면성은 다양하게 활용 가능한 잠재 능력 사이에서 분화될 수도 있으며, 다른 사람과의 관계에서 또 다른 형태로 나타날 수 있다. 예 "아내가 늦게 돌아오는 날이면, 저는 대단히 화를 냈었습니다. 하지만 제 아내에게 남자친구가 생긴 걸 알았을 때는 한마디도 하지 않았습니다." "그가 자기 상사에게는 한마디도 못하면서 집에서는 어떻게 하는지 봐야 해요."
11		■ **자기 개념과 반대 개념 이해하기**(긍정주의 심리치료 pp. 419~420) □ 가치판단과 관련하여 내담자가 가지고 있는 자기 개념 탐색 개인이 가지고 있는 자기 개념이 객관적인 것인지 주관적인 것인지 구별해 보기 위해 내담자를 직면시키는 방법 • 자기개념: 내담자가 성장하면서 순화, 전통, 사회와 가정환경 속에서 자기가치관이 형성된 심리적 요인이다. 즉, 그 개인의 생각과 태도를 결정하는 핵심요인이 된다. • 많은 내담자는 자기와 다른 개념을 인정하는 것을 어려워한다. 자기 자신만의 개념과 가치판단의 틀(잣대)을 가지고 대화하는 것에만 익숙하기 때문이다. • 내담자 자신의 가치판단 개념은 예의와 정직에 관한 반응과 같이 상대방의 다른 개념과 부딪힐 때 갈등을 일으킨다. 이는 상대방과의 의사소통에서 왜곡과 혼란을 가져오는 원인이 된다. • 내담자가 자신의 개념을 알도록 가치판단의 틀과 자신만의 개념과 관련된 상황을 연상하게 하여 자신의 개념과 가치판단의 틀을 탐색하도록 한다.

11

□ 반대 개념(대안점) 이해하기(긍정주의 심리치료 pp. 420~421)

- 치료자는 내담자가 가진 개념의 반대되는 개념을 제시하여 내담자를 직면시킨다. 상대방의 상황에서 발생하는 일을 자신이 가진 개념으로만 해석하여 상대방을 자신의 잣대로 평가하려는 오류를 범할 때, 상대방의 상황과 입장을 적용해 보게 하는 탐색 과정이다.
  이때 반대개념은 논쟁이나 토론이 아닌 치료 목적으로 쓰이는 것이므로 어떤 경우에는 그 내담자의 개념이 다른 내담자에게는 전혀 다른 개념(반대 개념)일 수 있음을 이해하는 과정이다.
- 반대개념 이해하기: '현재의 상황(What is)과 변해야 할 상황(What ought to be)'을 구체적인 상황에 적용해서 내담자가 자신의 개념과 다른 상대방의 개념을 이해할 수 있도록 탐색을 돕는다.
- 내담자의 가치판단에 대한 자기개념을 현재의 모습과 변해야 할 모습의 두 가지 상황에 적용해 본 경우

<참조 예시>

한 38세 여성이 두 번의 이혼을 한 후에 혼자서 자녀를 감당할 수 없게 되자 기숙사 학교에 입학시켰다. 내담자는 어린 시절 주변에 어머니 같은 분이 네 명 정도 있었다. 심리치료 회기에서 그녀는 정서적으로 매우 불안했으며 눈물을 쏟기 직전이었다. 최근에는 밤에 한숨도 잘 수없었다고 말하였다. '현재의 모습과 변해야 할 모습' 상황에 적용하여 가치 판단에 대한 자기 개념을 알고, 자기 개념과 다른 상대방의 개념을 이해하여 대안점을 찾을 수 있도록 돕는다.

갈등유발상황	현재의 상황 -자기개념탐색-	변해야 할 상황 -반대개념(대안점) 탐색-
• 내담자가 알고 지내는 한 사람이 아이들에 대하여 물었다. 그리고 지나가는 말로 자기 의견을 말했다. ㉮ "어떻게 자기 아이들을 그렇게 보내 버릴 수가 있지?" • 상대방의 개념 '자기 자녀를 떼어낸 어머니는 잔인하다.'	• 내담자는 공격을 받는 느낌이었다. ㉮ "저는 제정신을 잃고 흥분했어요. 더 이상 그 누구도 만나고 싶지 않았어요. 그리곤 엄청난 분노가 일어났어요." • 내담자의 자기개념 ㉮ '아무도 나를 이해하지 못해.' 자녀에 대한 자기 죄책감으로 자기 반응-분노-임을 탐색, 이해(자신의 내면에 잠재된 분노 표출)	• 상대방 개념탐색 공격하는 사람의 주장을 평가, 가정해 보게 한다. ㉮ '다른 사람이 이일에 대하여 내용을 잘 안다면 이해할 수 있었을 텐데……' "당신이 내가 왜 그럴 수밖에 없었는지 알았다면, 나를 그렇게 잔인한 엄마라고 할 수는 없었을 거야." (반대개념 이해) • 상대방상황 상대방은 내담자의 동기를 몰랐기 때문에 이해할 수도, 용서할 수도 없었다.

• (붙임 11, 11-1) 갈등-자기 개념-반대 개념 〈설명지 & 기록지〉 (pp. 113~115)

11	□ 자기 개념에 대한 반대 개념 탐색의 효과(긍정주의 심리치료, p. 420) 반대 개념은 내담자에게 자신이 해석했던 것과 전혀 다른 방식으로 갈등을 바라볼 수 있는 가능성을 주었다. 그녀는 자신이 어렸을 때는 어머니 같은 분이 네 명이나 있었음을 떠올릴 때, '자신의 아이에게는 충분한 환경을 주지 못하고 있다.'는 '죄책감'이 있었으므로(가치판단-자녀 양육에 대한 자기 개념), 상대방의 말을 부당한 공격으로 받아들여 무의식적으로 매우 불쾌하게 반응하였던 것을 알게 되었다(상대방 상황을 자신의 잣대로 평가하려는 오류임을 이해).	
11회기 과제	**(붙임 11, 11-1) 갈등-자기개념-반대개념 기록지**	
12	※ 11회기 과제 점검하기 ■ **언어화하기 단계(1~3단계): 의사소통 문제 파악 & 의사소통 기술 습득** 다음 제시된 언어화하기 단계의 기본 모델의 내용은 한국청소년상담원 이상희, 노성덕, 이지은(2000)이 개발한 '단계별 또래상담 프로그램'의 일부 내용을 참고하여 구성되었다. □ 언어화하기 단계의 기본 모델 설명하기 • 내담자에게 언어화하기 단계(1~5단계)의 기본 모델을 간단하게 설명한다. • 12회기에서는 1, 2, 3단계를 배우고 적용해 본다. □ 언어화하기 단계의 기본 모델 상대방과 대화를 잘하기 위해서는, • 먼저 상대방이 어떤 이야기를 하는지 잘 들어 준다. • 다음으로 상대방의 감정, 기분을 이해해 준다. • 자신이 상대방이라면 그럴 수 있겠다는 '역지사지(易地思之)'의 마음으로 상대방의 입장에서 생각하고 이해하려고 한다. • 자신의 생각과 입장을 객관적으로 표현한다. • 마지막으로 상대방과 함께 문제를 해결하는 방법을 찾아 본다. 이러한 언어화 과정을 간략하게 표현하면 다음 그림과 같다.	• (붙임 12~12-3) 언어화하기 1~3단계 모델 (pp. 116~123)

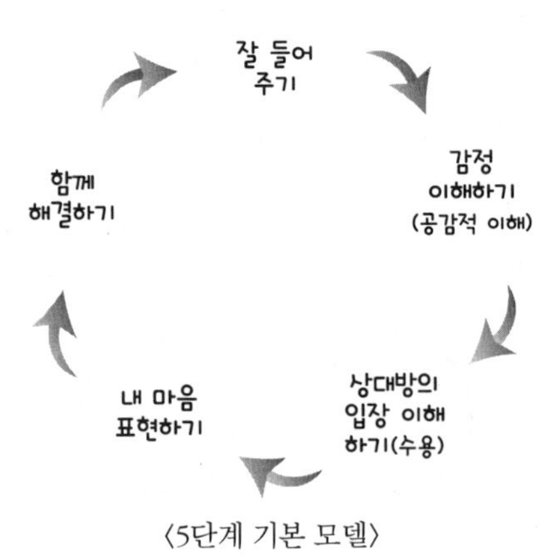

〈5단계 기본 모델〉

1단계: 잘 들어주기

대화를 잘 하기 위해서는 먼저 상대방의 말을 잘 들어야 한다. 잘 들어주기 위해서는 다음과 같은 태도와 자세가 필요하다.

□ 대화할 때의 기본 태도

12

- 상대방의 이야기를 잘 들어주는 것, 즉 경청하려고 노력한다. '경청'이란 상대방의 말을 방해하지 않고, 어떤 충고도 하지 않으며, 상대방과 비교하여 자신을 정당화시키려고 노력하지 않는 것을 의미한다.
- 올바르기(being right)와 올바른 대화(communication right)를 구별해야 한다.
  - ☞ 올바르기(being right): 예의 없는 정직이며, 타인을 고려하지 않은 공정함이고, 공감이 배제되고, 자기주장만 강조된 것
  - ☞ 올바른 대화(communication right): 예의와 관련된 것으로서, 상대방과 잘 의사소통하여 서로 다른 점을 인정해 주는 것(두 사람 사이에 생기는 견해 차이를 서로 수용해 주는 것)
- 상대방을 존중하려고 노력해야 한다. 대화 중 상대방의 약점, 부족한 면, 실수를 탓하거나 비난하지 않고 상대방의 입장에서서 이해하고 자신의 입장을 잘 전달하려 노력한다.

□ 대화할 때의 자세

- 이야기를 들을 때 시선을 맞춘다.
- 이야기를 듣는 도중 '그래.' '음…….' '그랬구나.' '맞아.' 등 짧게 동의하는 말을 해 주거나 고개를 끄덕여 준다.
- 상대방의 말이 끝날 때까지 기다린다.

12

□ 대화를 가로막는 태도 확인하기

- 그동안 내가 상대방의 말을 잘 듣고 있었는가를 점검 해본다. 다음의 각 문항을 읽고 자신에게 그런 점이 있으면 1점, 없으면 0점을 준다.

문항	점수
1. 말할 때 눈을 마주치지 않고 피한다.	
2. 상대방의 말을 자주 가로 막는다.	
3. 상대방보다 말을 더 많이 한다.	
4. 상대방의 감정을 고려하지 않는다.	
5. 충고를 많이 한다.	
6. 너무 많은 질문을 한다.	
7. 대화할 때 멀리 떨어져 앉는다.	
8. 대화주제를 계속 바꾼다.	
9. 상대방의 말을 듣는 것보다 내 일에 더 신경 쓴다.	
10. 상대방이 무슨 말을 할지 예상하고 있어서 상대방의 말을 충분히 듣지 않는다.	

* 출처: 이상희, 노성덕, 이지은(2000).

- 내담자에게 총점(10점 만점)이 높을수록 대화의 걸림돌이 많다는 것을 알려 주고 자신의 걸림돌을 긍정적으로 바꿀 수 있는 방법을 탐색한다.

<참조 예시>

말할 때 눈을 마주치지 않고 피한다. → 시선 맞추기

2단계: 감정 이해하기

- 이 단계는 '공감적 이해' 단계다.
- 즉, 상대방의 감정과 생각을 이해하는 단계로, 상대방의 마음으로 다가가려는 꾸준한 노력이 있을 때 가능하다.
- 자신이 상대방으로부터 공감받을 때 이해받는다는 느낌을 갖게 된다. 이로써 신뢰가 형성되고 비평을 잘 받아들일 수 있게 된다.
- 문제가 되는 주제(내용)와 그에 따른 결과(증상), 문제의 핵심을 다루기가 더 쉬워진다.

□ 감정을 알아차리는 방법

- 몸짓, 눈의 움직임, 손의 움직임, 입 모양, 앉는 자세 등 비언어적 행동에 주의를 기울인다.
- 상대방이 말하고 있는 문맥과 그 순간 경험하고 있는 감정이 무엇인지 파악한다.

- 상대방의 느낌과 생각을 내 입장에서 단정짓지 말고 상대방이 한 말에만 주의를 기울이고 반응한다.
- 급하게 반응하지 않는다. 모든 말에 반응할 필요는 없으며 중간중간 상대방에게 자신이 듣고 있음을 알려 준다.

◎ 감정을 이해하는 데 방해가 되는 말

다음 제시된 말 중 자신이 자주 사용하는 말에 V표 하시오.

충고하기 예 "네 방법은 말이 안 돼. 내 말대로 해."		기죽이기 예 "음……. 네 방법이 잘 될까?"	
밀어 붙이기 예 "내 말이 틀림없다니까?!"		회피하기 예 "난 모르겠어. 네가 알아서 해."	
반박하기 예 "네 말이 왜 틀렸냐 하면……."		추궁하기 예 "꼭 그렇게밖에 못하니?"	
헐뜯기 예 "너는 그 방법밖에 생각 못하니?"		빈정대기 예 "그래? 어디 한번 해 봐. 혹시 아니? 이번엔 잘 될지……."	
무시하기 예 "네 방법은 말이 안 돼. 늘 이상한 이야기만 하잖아."		비난하기 예 "너 때문에 이렇게 됐잖아?!"	

12 * 출처: 이상희, 노성덕, 이지은(2000).

내담자가 자신이 자주 사용하는 언어 중 타인의 감정을 이해하는 데 방해가 되는 말을 찾아본다. 그런 후에 ∨표시한 영역을 내담자의 상황에 적용하여 감정을 이해하는 데 도움이 되는 말로 바꾸어 보게 한다.

항 목	부정적인 말		긍정적인 말
예1) 헐뜯기	"너는 그 방법밖에 생각 못하니?"	⇒	"그래, 그런 방법도 있었구나."
예2) 회피하기	"난 모르겠어. 네가 알아서 해."	⇒	" 함께 토의해 보는 게 좋겠다."
충고하기		⇒	
밀어 붙이기		⇒	
반박하기		⇒	
헐뜯기		⇒	
무시하기		⇒	
기죽이기		⇒	
회피하기		⇒	
추궁하기		⇒	
빈정대기		⇒	
비난하기		⇒	

3단계: 상대방의 입장 이해하기

□ 상대방의 입장 되어 보기

2단계에서 자신이 자주 사용하는 '감정을 이해하는 데 방해가 되는 말'을 확인하고 이 말을 들었을 때 상대방은 어떤 감정을 느낄지, 어떤 생각이 들지 생각해 본다.

□ 상대방의 마음을 이해하는 데 도움이 되는 말

관심 갖기 예 "안색이 안 좋은데 무슨 일 있어요?"		장점 찾기 예 "당신은 여러 면에서 생각하고 있군요. 그런 점이 좋네요."	
들어주기 예 "아~ 그랬어요? 좀 더 자세히 말해 줄래요?"		열린 제안하기 예 "내 생각은 이런데…… 이런 생각도 참고해 줄래요?"	
존중하기 예 "당신 말도 일리가 있네요."		격려해 주기 예 "좋은 생각 같네요. 당신에게 잘 맞을 거예요."	
열린 질문하기 예 "당신은 어떻게 해결했어요?"		덮어주기 예 "너무 낙심하지 말고 계획을 잘 세워 봐요."	
용기주기 예 "그래요~ 그 방법 아주 좋네요."		요약하기 예 "지금까지 한 얘기를 정리해 볼까요?"	
지지하기 예 "당신이 잘 해결할 거라고 생각해요."		계속 돕기 예 "내 도움이 필요하면 얘기해요."	

12

* 출처: 이상희, 노성덕, 이지은(2000).

◎ 앞에 제시한 말 중에서 자신이 평소에 잘 사용하고 있거나 사용할 수 있는 말은 무엇입니까? 그 말을 들었을 때 상대방은 어떤 느낌 또는 어떤 생각일까를 탐색하고 치료자와 나눈다.

• 치료자와 나누기(내담자가 기록해 보도록 안내한다.)

•
•
•

□ 상대방의 입장 이해하기: 연습

다음에 제시된 상황을 읽고 자신의 입장에서 이해하는 반응과 상대방의 입장에서 이해하는 반응을 적어보시오(내담자의 실제 갈등상황을 적용하게 된다).

아내가 퇴근한 남편이 들어오자마자 아들과 있었던 일을 이야기한다.
아내: "철수는 왜 그런지 모르겠어요. 열심히 공부한다고 해서 학원도 보내 주고 독서실도 보내 주고 자기가 원하는 대로 해 줬는데 이번에도 성적이 엉망이에요. 그래 놓고 성적 이야기를 하니까 나한테 화부터 내고……."

<table>
<tr>
<td>12</td>
<td>• 상대방(남편)의 입장에서 이해하기
– 상대방(남편)의 감정은?
____
____
– 내담자(아내)가 상대방(남편)의 입장을 이해하여 바꾸어 표현하기
____
____
• 내담자(아내)의 입장에서 이해하기
– 내담자(아내)의 감정은?
____
____
– 상대방(남편)이 내담자(아내)의 입장을 이해하여 위로하기
____
____
* 회기 정리: 언어화하기 1, 2, 3단계를 마친 소감을 나눈다.</td>
<td></td>
</tr>
<tr>
<td>12회기 과제</td>
<td colspan="2">갈등관계에 있는 상대와 언어화하기 1, 2, 3단계 실습하기</td>
</tr>
<tr>
<td>13</td>
<td>※ 과제 점검하기(갈등관계에 있는 상대방과 언어화기술 실습하기)
☞ 언어화하기 1, 2, 3단계를 적용했을 때 느낀 점, 깨달은 점, 적용하기 어려웠던 기술 등이 무엇인지 점검한다.

▣ 언어화하기 단계(4~5단계): 기술 습득하기 & 연습하기

4단계: 내 마음 표현하기

□ 상대방에게 내 마음이나 의견이 전달되지 않을 경우

◎ 내 마음을 잘 표현하지 못할 때
• 자신의 마음을 표현하지 못하는 경우(또는 상황)는?
• 그럴 때 나의 감정은 어떻습니까? 나에게 드는 생각은?
• 다음은 자신의 마음을 잘 표현하지 못하는 경우의 예입니다. 자신에게 해당하는 항목에 V표 하세요.
<table>
<tr><td>1. 화가 나고 기분이 상해서 그냥 입을 꽉 다물고 상황을 피한다.</td><td></td></tr>
<tr><td>2. 씩씩거리다가 폭발시켜 버린다.</td><td></td></tr>
<tr><td>3. 욱해서 때리거나 부수는 등의 충동적인 행동으로 표현한다.</td><td></td></tr>
<tr><td>4. 감정을 못 이겨 울어 버린다.</td><td></td></tr>
<tr><td>5. 정말 문제되는 부분이 아닌 감정 싸움으로 번진다.</td><td></td></tr>
<tr><td>6. 그냥 아무렇지 않은 척 넘겨 버리고 다른 이야기를 한다.</td><td></td></tr>
</table>
* 출처: 이상희, 노성덕, 이지은(2000).</td>
<td>• (붙임 12-4, 12-5) 언어화하기 4~5단계 모델 (pp. 124~128)</td>
</tr>
</table>

13	몇 번에 V표 했는지 살펴본 후 다음의 '내 마음 다스리기'를 참고하여 적용해 본다. □ 내 마음 다스리기: 감정 조절하기 • 갈등 중인 주제에 대해 이야기할 때는 각자의 기질이 드러난다. 이때 중요한 것은 어떻게 공격하고 싶은 감정을 조절하느냐다. • 상대방과 이야기를 나누다가 화가 나거나 짜증이 날 때는 자신의 감정을 조절할 수 있는 방법을 탐색한다. ◎ 감정 조절 방법 • 잠깐 멈추기 ☞ 이야기를 하다가 화가 나면 잠깐 이야기를 멈춘다. ☞ 그리고 감정 조절을 위해 마음속으로 숫자를 세거나 심호흡을 한다. ☞ 그래도 화가 난다면 일단 대화하던 장소를 벗어나서 감정을 정리한다. • 생각하기 ☞ 화가 난 감정이 가라앉으면 내가 하고자 하는 이야기가 무엇인지 생각하고 그 감정을 이해하여 다음 칸에 기록해 본다. • • • • □ 내 마음 표현하기 ◎ 자신의 감정과 생각을 객관적으로 표현한다 • 자신에게 일어난 어려움에 대해 구체적으로 말한다. 즉, 자신이 무엇에 대하여 화가 났는지 설명하고 그 예를 제시한다. • 구체적인 설명을 하기 위해 사건에 대하여 기록해 두면 기억하는 데 도움이 된다. • 상대방에게 객관적으로 이야기하고 상대방의 긍정적인 속성들을 제대로 잘 부각시키려고 할지라도 상대방이 객관성을 잃고 이성을 잃을 수 있다는 것을 예상해야 한다(그런 경우는 일단 대화를 멈추고, 상대방의 감정도 가라앉을 때까지 대화를 다음 기회로 넘긴다).

13	◎ '나'로 시작하는 말: 너-메시지(You-Message) & 나-메시지(I-Message) • '너'로 시작하는 말(너-메시지)에 대해 설명하고 일상생활에서 사용되는 예를 찾아본다. • 자신이 '너-메시지'를 들었을 때의 감정과 생각을 탐색한다. → '너-메시지'에 대한 느낌은 어떠한가? • '나'로 시작하는 말에 대해 설명한다. ☞ 나는~ + 상대방의 문제가 되는 행동과 상황 + 나에게 미친 영향과 결과 <참조 예시> 나는 당신이 나에게 무조건 명령을 하면(문제가 되는 말과 상황), → 내가 무시당하는 것 같아(나에게 미친 영향). 마음이 울적해져요(나에게 나타난 결과). → 나는 당신이 나에게 설명을 해 주면 고맙겠어요(I message to you-요청). ◎ 내 마음 표현하기: 연습 • '나'를 주어로 이야기한다. <참조 예시> "나는 당신이 ~해 주기를 원해요." • 상대방의 문제가 되는 행동과 상황을 구체적으로 말한다. • 상대방의 행동이 나에게 미친 영향을 구체적으로 말한다. • 상대방의 말이나 행동으로 일어난 자신의 감정의 결과를 인정하고 이를 솔직하게 말한다. 이때 부정적인 생각이나 감정에 대해 지나치게 강조하지 않는다. <참조 예시> "나는 당신이 의논도 없이 혼자 결정해 버리고 결과만 이야기하면, 무시당했다는 생각이 들어 기분이 나빠요." • 상대방의 문제가 되는 행동은? ____________________ ____________________ • 상대방의 행동이 나에게 미친 영향은? ____________________ ____________________ • 그 영향으로 나에게 미친 감정 결과는? ____________________ ____________________ • 내 마음을 전달한 후에는 상대방의 말을 경청한다.

◎ 나-메세지 연습하기

• 나-메세지를 적용하여 내담자의 문제를 직접 연습하게 한다.

☞내담자의 문제 상황

____

____

☞상대방의 행동이 나에게 미친 행동은?

____

____

☞상대방의 행동이 나에게 미친 영향은?

____

____

☞그 영향으로 나에게 미친 감정의 결과는?

____

____

• 다음에 제시된 상황을 읽고 '나로 시작하는 말'로 자신의 마음을 표현하시오.

13

주말에 시댁에 가는 일로 남편과 사소한 말다툼을 했는데 이틀째 남편이 아내에게 말을 걸지 않는다. 아내도 심각한 말다툼도 아닌데 말을 안 하는 남편을 이해할 수 없고 화도 나서 계속 말을 안 하다가 오늘은 이 일을 가지고 남편과 이야기를 하기로 결심하였다.

→ 아내의 입장에서 '나-메시지'로 표현한다면?

____

____

• 앞의 BOX 안에 있는 '내 마음 표현하기: 연습'에 따라 '나-메세지'로 표현해 보기

____

____

5단계: 함께 해결하기

□ 대화하기 위한 상황(조건) 만들기

◎ 언제 대화할 것인가(대화의 시간)?

내담자 스스로 연습한 후 정해진 시간(주로 저녁시간)에 대화를 시도한다. 이때 보통 15~20분간 대화하는 것을 원칙으로 한다.

• 대화할 시간 정하기

☞어느날 (   )

☞몇 시 (   )

13	◎ 어떤 상황에서 말해야 하나 대화를 하기 적절한 상황을 판단하여 결정한다. ☞ 대화 장소 정하기 ◎ 대화를 위한 규칙 정하기 • 상대방에게 압력 가하지 않기 상대방에게 상황을 '명확하게 빈틈없이 결정하라.'는 등의 압력을 주지 않는다. 그러면 상대방은 방어적인 입장을 취하면서(공격을 받고 있다고 느낌) 공격적으로 반응하는 가능성이 줄어든다. • 양쪽이 함께 해결의 가능성을 이야기하고, 그것을 기록한다. <참조 예시> 어머니가 딸에게 너무 어지른다고 야단을 치고 딸이 놀고 난 직후에 모든 것을 제 자리로 치우라고 명령했다면? → 딸은 놀이가 끝나고 오후 또는 잠자리에 들기 전까지 모두 정리하겠다고 다른 제안을 할 수 있다. 두 사람이 제안을 받아들이지 않으면, 다른 해결책을 찾을 수도 있다. 때로 대화를 중단하고 다른 날로 대화를 연기하여 해결책을 결정할 수 있다. 대화를 시도하고 결정을 시행하는 데에 따르는 성공과 실패에 대해 함께 이야기한다. 이런 식으로 대화하면 서로가 의견을 제안하고 그 제안에 둘 다 동의하는 해결책을 찾을 수 있다.	
13회기 과제	언어화하기 연습: 4, 5단계 말하기 기술 적용하기 • 내담자가 갈등을 느끼는 구체적인 상황을 설정하고 언어화하기 4, 5단계 말하기 기술을 적용하여 연습한다. • 내담자가 객관적으로 자신의 의사소통 방법을 관찰할 수 있는 방법을 사용할 수 있음을 알려 준다. <참조 예시> 역할 바꾸기, 비디오 녹화하기 등	

붙임 10

■ 언어화단계의 주요 갈등(예의와 정직) 다루기

□ 주요 갈등인 예의와 정직(긍정주의 심리치료 pp. 402~404)

- 예의: 예의와 정직은 언어화하기 단계에서 핵심 갈등을 유발시킨다. 전통적인 대인관계에 대한 인지, 다른 사람의 욕구와 권리를 위해 자기 자신의 욕구와 권리를 희생, 그리고 결국 공격성의 사회적 금지 등을 의미한다.

  <참조 예시>

  "저는 제 의견을 말하는 것이 두려워요. 왜냐하면 제 의견 때문에 다른 사람들 기분이 언짢아질까 봐서요."

- 정직: 다른 사람의 필요와 권리가 상충되더라도 자신의 권리와 욕구를 주장하는 것을 의미한다.

  <참조 예시>

  "정직하다는 사람은 언제나 무엇이든지 제 생각을 다 말합니다. 상대방이 좋아하든 좋아하지 않든……."

□ 예의와 정직에 따른 세 가지 반응 유형(내담자 자신이 세 가지 반응 유형 중 어느 유형에 속하는지 통찰해 본다.)

세 가지 반응 유형

예의 바른 사람	• 자신의 의견을 마음속에 담아두지만 타인이 자신이 원하는 것이 무엇인지를 알아차리기를 기대하는 유형 예 "저는 도저히 그것을 말할 수 없어요." "당연히 그 사람들 스스로 알아차려야죠." • 이러한 좌절된 기대가 축적되면, 심인성 질병이나 관계를 기피하는 증상이 나타날 수 있다.
정직한 사람	• 자신의 생각을 즉각적으로 이야기하고 그것이 상대방의 마음에 상처가 되든지 말든지 상관하지 않는 유형 예 "저는 제 생각을 이야기했을 뿐입니다. 그 사람이 제 생각을 어떻게 받아들였든지 전혀 관심이 없습니다." • 융통성 없이 자기 방식대로 밀어붙이므로 자기중심적 · 이기적인 것처럼 보일 수 있으며, 때로 정직한 사람이라는 평가를 받긴 하지만 주변 사람들은 모욕감을 느끼기도 하고 몰상식한 사람으로 간주하기도 한다. 때로 죄책감을 느낄 때도 있지만 궁극적으로 자신의 솔직함에 대해 자부심을 갖는다. 예 "저는 제가 변해야 한다고 생각한 적이 한 번도 없습니다. 진실한 것은 진실한 것으로 남기 때문입니다."

우유 부단한 사람	• 예의와 정직, 공격성과 죄책감 사이에서 결정을 못하는 우유부단한 유형 예 "오랫동안 저는 모든 것을 제 마음속에 묻어두고 한마디도 이야기한 적이 없었습니다. 그러나 결국엔 제 인내심에 한계가 왔고, 제가 그를 어떻게 생각하는지 다 말해 버렸습니다." • 이러한 상반된 감정의 양면성은 다양하게 활용 가능한 잠재 능력 사이에서 분화될 수도 있으며, 다른 사람과의 관계에서 또 다른 형태로 나타날 수 있다. 예 "아내가 늦게 돌아오는 날이면, 저는 대단히 화를 냈었습니다. 하지만 제 아내에게 남자친구가 생긴 걸 알았을 때는 한마디도 하지 않았습니다." "그가 자기 상사에게는 한마디도 못하면서 집에서는 어떻게 하는지 봐야 해요."

붙임 11

▣ 자기개념과 반대 개념 이해하기(긍정주의 심리치료 pp. 419~420)

□ 가치판단과 관련하여 내담자가 가지고 있는 자기개념 탐색

개인이 가지고 있는 자기개념이 객관적인 것인지 주관적인 것인지 구별해 보기 위해 내담자를 직면시키는 방법

- 자기개념: 내담자가 성장하면서 문화, 전통, 사회와 가정환경 속에서 자기 가치관이 형성된 심리적 요인이다. 즉, 그 개인의 생각과 태도를 결정하는 핵심 요인이 된다.
- 많은 내담자는 자기와 다른 개념을 인정하는 것을 어려워한다. 자기 자신만의 개념과 가치판단의 틀(잣대)을 가지고 대화하는 것에만 익숙해 있기 때문이다.
- 내담자 자신의 가치판단 개념은 예의와 정직에 관한 반응과 같이 상대방의 다른 개념과 부딪칠 때, 갈등을 일으킨다. 이는 상대방과의 의사소통에서 왜곡과 혼란을 가져오는 원인이 된다.
- 내담자가 자신의 개념을 알도록 가치판단의 틀과 자신만의 개념과 관련된 상황을 연상하게 하여 자신의 개념과 가치판단의 틀을 탐색하도록 한다.

□ 반대개념(대안점) 이해하기(긍정주의 심리치료 pp. 420~421)

- 치료자는 내담자가 가진 개념의 반대되는 개념을 제시하여 내담자를 직면시킨다. 상대방의 상황에서 발생하는 일을 자신이 가진 개념으로만 해석하여 상대방을 자신의 잣대로 평가하려는 오류를 범할 때, 상대방의 상황과 입장을 적용해 보게 하는 탐색 과정이다. 이때 반대개념은 논쟁이나 토론이 아닌 치료목적으로 쓰이는 것이므로 어떤 경우에는 그 내담자의 개념이 다른 내담자에게는 전혀 다른 개념(반대개념)일 수 있음을 이해하는 과정이다. 반대개념 이해하기: '현재의 상황(What is)과 변해야 할 상황(What ought to be)'을 구체적인 상황에 적용해서 내담자가 자신의 개념과 다른 상대방의 개념을 이해할 수 있도록 탐색을 돕는다.
  - ☞ 내담자의 가치판단에 대한 자기개념을 현재의 모습과 변해야 할 모습의 두 가지 상황에 적용해 본 경우

<참조 예시>

38세의 여성이 두 번의 이혼을 한 후, 혼자서 자녀를 감당할 수 없게 되자 기숙사 학교에 자녀를 입학시켰다. 내담자는 어린 시절 주변에 어머니 같은 분이 네 명 정도 있었다. 심리치료 회기에서 그녀는 정서적으로 매우 불안했으며 눈물을 쏟기 직전이었다. 최근에는 밤에 한숨도 잘 수가 없었다고 말하였다. '현재의 모습과 변해야 할 모습' 상황에 적용하여 가치판단에 대한 자기개념들을 알고, 자기개념과 다른 상대방의 개념을 이해하여 대안점을 찾을 수 있도록 돕는다.

갈등유발상황	현재의 상황 —자기개념탐색—	변해야 할 상황 —반대개념(대안점) 탐색—
• 내담자가 알고 지내는 한 사람이 아이들에 대하여 물었다. 그리고 지나가는 말로 자기 의견을 말했다. "어떻게 자기 아이들을 그렇게 보내버릴 수가 있지?" • 상대방의 개념 자기 자녀를 떼어 낸 어머니는 잔인하다.	• 내담자는 공격을 받는 느낌이었다. "저는 제정신을 잃고 흥분했어요. 나는 더 이상 그 누구도 만나고 싶지 않았어요. 그리곤 엄청난 분노가 일어났어요." • 내담자의 자기개념 '아무도 나를 이해하지 못해.' 자녀에 대한 자기 죄책감으로 인한 자기 반응(분노)임을 탐색, 이해(자신의 내면에 잠재된 분노 표출)	• 상대방 개념탐색 공격하는 사람의 주장을 평가, 가정해 보게 한다. '다른 사람들이 이일에 대하여 내용을 잘 안다면 이해할 수 있었을 텐데…….' '당신이 내가 왜 그럴 수밖에 없었는지 알았다면, 나를 그렇게 잔인한 엄마라고 할 수는 없었을 거야.'(반대개념 이해) • 상대방 상황 상대방은 내담자의 동기를 몰랐기 때문에 이해할 수도, 용서할 수도 없었다.

□ **자기개념에 대한 반대 개념 탐색의 효과**(긍정주의 심리치료, p. 420)

반대 개념은 내담자에게 자신이 해석했던 것과 전혀 다른 방식으로 갈등을 바라볼 수 있는 가능성을 주었다. 그녀는 자신이 어렸을 때는 어머니 같은 분이 네 명이나 있었음을 떠올릴 때, '자신의 아이에게는 충분한 환경을 주지 못하고 있다.'는 '죄책감'이 있었으므로(가치판단-자녀양육에 대한 자기개념), 상대방의 말을 부당한 공격으로 받아들여 무의식적으로 매우 불쾌하게 반응하였던 것을 알게 되었다(상대방 상황을 자신의 잣대로 평가하려는 오류임을 이해).

붙임 11-1

치료자:						사례번호:
상담회기:	일시:	년	월	일	내담자:	치료유형:

• 갈등 유발 상황

• 현재의 상황: 자기 개념 탐색

• 변해야 할 상황: 반대 개념(대안점) 탐색, 이해

붙임 12 언어화하기 5단계 모델(설명지)

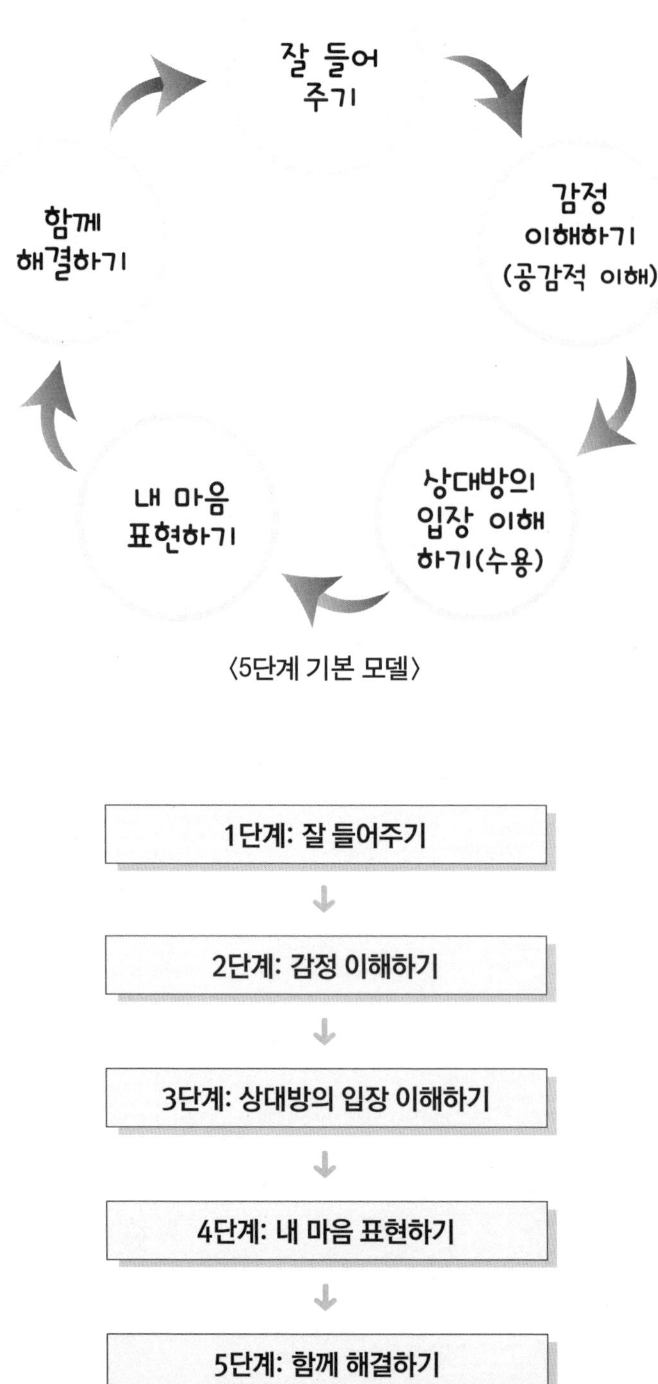

〈5단계 기본 모델〉

붙임 12-1

1단계: 잘 들어주기

대화를 잘하기 위해서는 먼저 상대방의 말을 잘 들어야 한다. 잘 들어주기 위해서는 다음과 같은 태도와 자세가 필요하다.

□ 대화할 때의 기본 태도

- 상대방의 이야기를 잘 들어주는 것, 즉 경청하려고 노력한다.
  '경청'이란 상대방의 말을 방해하지 않고, 어떤 충고도 하지 않으며, 상대방과 비교하여 자신을 정당화시키려고 노력하지 않는 것을 의미한다. 변명도 하지 않고, 상대방의 말을 끝까지 듣는다.
- 올바르기(being right)와 올바른 대화(communication right)를 구별해야 한다.
  ☞ 올바르기(being right): 정직에만 초점이 있다(예의 없음), 타인을 고려하지 않은 공정함, 공감이 배제되고, 자기주장만 강조된 것
  ☞ 올바른 대화(communication right): 예의 있는 자세로 상대방과 잘 의사소통한다. 서로 다른 점을 인정해 준다. 두 사람 사이에 생기는 견해 차이를 서로 수용한다.
- 상대방을 존중하려고 노력해야 한다. 대화 중 상대방의 약점, 부족한 면, 실수를 탓하거나 비난하지 않고 상대방의 입장에서 이해하고 자신의 입장을 잘 전달하려 노력한다.

□ 대화할 때의 자세

- 이야기를 들을 때 시선을 맞춘다.
- 이야기를 듣는 도중 '그래.' '음…….' '그랬구나.' '맞아.' 등 짧게 동의하는 말을 해 주거나 고개를 끄덕여 준다.
- 상대방의 말이 끝날 때까지 기다린다(상대방의 말을 끊고 자기 말을 하려하지 않음).

□ 대화를 가로막는 태도 확인하기

- 그동안 내가 상대방의 말을 잘 듣고 있었는가를 점검해 봅시다. 다음의 각 문항을 읽고 자신에게 그런 점이 있으면 1점, 없으면 0점을 준다.

문항	점수
1. 말할 때 눈을 마주치지 않고 피한다.	
2. 상대방의 말을 자주 가로 막는다.	
3. 상대방보다 말을 더 많이 한다.	
4. 상대방의 감정을 고려하지 않는다.	
5. 충고를 많이 한다.	
6. 너무 많은 질문을 한다.	
7. 대화할 때 멀리 떨어져 앉는다.	
8. 대화주제를 계속 바꾼다.	
9. 상대방의 말을 듣는 것보다 내 일에 더 신경 쓴다.	
10. 상대방이 무슨 말을 할지 예상하고 있어서 상대방의 말을 충분히 듣지 않는다.	

* 출처: 이상희, 노성덕, 이지은(2000).

- 내담자에게 총점(10점 만점)이 높을수록 대화의 걸림돌이 많다는 것을 알려 주고 자신의 걸림돌을 긍정적으로 바꿀 수 있는 방법을 탐색한다.

<참조 예시>

말할 때 눈을 마주치지 않고 피한다. → 시선 맞추기

붙임 12-2

2단계: 감정 이해하기

이 단계는 '공감적 이해' 단계다. 즉, 상대방의 감정과 생각을 이해하는 단계로, 상대방의 마음으로 다가가려는 꾸준한 노력이 있을 때 가능하다. 자신이 상대방으로부터 공감받을 때 이해받는다는 느낌을 갖게 된다. 이로써 신뢰가 형성되고 비평을 잘 받아들일 수 있게 된다. 문제가 되는 주제(내용)와 그에 따른 결과(증상), 문제의 핵심을 다루기가 더 쉬워진다.

□ 감정을 알아차리는 방법

- 몸짓, 눈의 움직임, 손의 움직임, 입 모양, 앉는 자세 등 비언어적 행동에 주의를 기울인다.
- 상대방이 말하고 있는 문맥과 그 순간 경험하고 있는 감정이 무엇인지 파악한다.
- 상대방의 느낌과 생각을 내 입장에서 단정 짓지 말고 상대방이 한 말에만 주의를 기울이고 반응한다.
- 급하게 반응하지 않는다. 모든 말에 반응할 필요는 없으며 중간중간 상대방에게 자신이 듣고 있음을 알려 준다.

□ 감정을 이해하는 데 방해가 되는 말

- 다음에 제시된 말 중 자신이 자주 사용하는 말에 V표 하시오.

충고하기 ㉮ "네 방법은 말이 안 돼. 내 말대로 해."		기죽이기 ㉮ "음…… 네 방법이 잘될까?"	
밀어붙이기 ㉮ "내 말이 틀림없다니까!"		회피하기 ㉮ "난 모르겠어. 네가 알아서 해."	
반박하기 ㉮ "네 말이 왜 틀렸냐 하면……"		추궁하기 ㉮ "꼭 그렇게밖에 못하니?"	

헐뜯기 예 "너는 그 방법밖에 생각 못하니?"		빈정대기 예 "그래? 어디 한번 해 봐. 혹시 아니? 이번엔 잘될지……?"	
무시하기 예 "네 방법은 말이 안 돼. 늘 이상한 이야기만 하잖아."		비난하기 예 "너 때문에 이렇게 됐잖아!"	

* 출처: 이상희, 노성덕, 이지은(2000).

- 내담자가 자신이 자주 사용하는 언어 중 타인의 감정을 이해하는 데 방해가 되는 말을 찾아본다. 그런 후에 V표시한 영역을 내담자의 상황에 적용하여 감점을 이해하는 데 도움이 되는 말로 바꾸어 보게 한다.

항 목	부정적인 말		긍정적인 말
예1) 헐뜯기	"너는 그 방법밖에 생각 못하니?"	⇒	"그래, 그런 방법도 있었구나."
예2) 회피하기	"난 모르겠어. 네가 알아서 해."	⇒	" 함께 토의해 보는 게 좋겠다."
충고하기		⇒	
밀어 붙이기		⇒	
반박하기		⇒	
헐뜯기		⇒	
무시하기		⇒	
기죽이기		⇒	
회피하기		⇒	
추궁하기		⇒	
빈정대기		⇒	
비난하기		⇒	

붙임 12-3

3단계: 상대방의 입장 이해하기

□ 상대방의 입장 되어 보기

2단계에서 자신이 자주 사용하는 '감정을 이해하는 데 방해가 되는 말'을 확인하고 이 말을 들었을 때 상대방은 어떤 감정을 느낄지, 어떤 생각이 들지 생각해 본다.

□ 상대방의 마음을 이해하는 데 도움이 되는 말

관심 갖기 ㉰ "안색이 안 좋은데 무슨 일 있어요?"		장점 찾기 ㉰ "당신은 여러 면에서 생각하고 있군요. 그런 점이 좋네요."	
들어주기 ㉰ "아~그랬어요? 좀 더 자세히 말해 줄래요?"		열린 제안하기 ㉰ "내 생각은 이런데…… 이런 생각도 참고해 줄래요?"	
존중하기 ㉰ "당신 말도 일리가 있네요."		격려해 주기 ㉰ "좋은 생각 같네요. 당신에게 잘 맞을 거예요."	
열린 질문하기 ㉰ "당신은 어떻게 해결했어요?"		덮어주기 ㉰ "너무 낙심하지 말고 계획을 잘 세워 봐요."	
용기주기 ㉰ "그래요~ 그 방법 아주 좋네요."		요약하기 ㉰ "지금까지 한 얘기를 정리해 볼까요?"	
지지하기 ㉰ "당신이 잘 해결할 거라고 생각해요."		계속 돕기 ㉰ "내 도움이 필요하면 얘기해요."	

* 출처: 이상희, 노성덕, 이지은(2000).

◎ 앞에 제시된 말 중에서 자신이 평소에 잘 사용하고 있거나 사용할 수 있는 말은 무엇입니까? 그 말을 들었을 때 상대방은 어떤 느낌 또는 어떤 생각일까를 탐색하고 치료자와 나눈다.

• 치료자와 나누기(내담자가 기록해 볼 수 있다.)

•
•
•
•
•

□ 상대방의 입장 이해하기: 연습

다음에 제시된 예화를 읽고 자신의 입장에서 이해하는 반응과 상대방의 입장에서 이해하는 반응을 적어 보시오(내담자의 실제 갈등 상황을 적용하게 한다).

〈제시된 예화〉

아내가 퇴근한 남편이 들어오자마자 아들과 있었던 일을 이야기한다.

아내: 철수는 왜 그런지 모르겠어요. 열심히 공부한다고 해서 학원도 보내 주고 독서실도 보내 주고…… 자기가 원하는 대로 해 줬는데 이번에도 성적이 엉망이에요. 그래놓고 성적 이야기를 하니까 화부터 내고…….

• 상대(남편)의 입장에서 이해하기

– 상대(남편)의 기분은 어떠할까?

____

____

– 내담자(아내)가 상대(남편)의 입장을 이해하여 바꾸어 표현하기

____

____

• 내담자(아내)의 입장에서 이해하기

– 내담자(아내)의 기분은 어떠할까?

____

____

- 상대(남편)가 내담자(아내)의 입장을 이해하여 위로하기

붙임 12-4 언어화하기 4단계 – 내 마음 표현하기(설명지)

4단계: 내 마음 표현하기

다음은 자신의 마음을 잘 표현하지 못하는 경우의 예다. 자신에게 해당하는 항목에 V표 하시오.

1. 화가 나고 기분이 상해서 그냥 입을 꽉 다물고 상황을 피한다.	
2. 씩씩거리다가 폭발시켜 버린다.	
3. 욱해서 때리거나 부수는 등의 충동적인 행동으로 표현한다.	
4. 감정을 못 이겨 울어 버린다.	
5. 정말 문제되는 부분이 아닌 감정 싸움으로 번진다.	
6. 그냥 아무렇지 않은 척 넘겨 버리고 다른 이야기를 한다.	

* 출처: 이상희, 노성덕, 이지은(2000).

몇 번에 V표 했는지 살펴본 후 다음의 '내 마음 다스리기'를 참고하여 적용한다.

□ 내 마음 다스리기: 감정 조절하기

- 갈등 중인 주제에 대해 이야기할 때는 각자의 기질이 드러난다. 이때 중요한 것은 어떻게 공격하고 싶은 감정을 조절하느냐다.
- 상대방과 이야기를 나누다가 화가 나거나 짜증이 날 때는 자신의 감정을 조절할 수 있는 방법을 탐색한다.

◎ 감정 조절 방법

- 잠깐 멈추기
  - 이야기를 하다가 화가 나면 잠깐 이야기를 멈춘다.
  - 그리고 감정 조절을 위해 맘속으로 숫자를 세거나 심호흡을 한다.
  - 그래도 화가 난다면 일단 대화하던 장소를 벗어나서 감정을 정리한다.

- 생각하기
  - 화가 난 감정이 가라앉으면 내가 하고자 하는 이야기가 무엇인지 생각하고 그 감정을 이해하여 다음 칸에 기록해 본다.

    -
    -
    -

□ 내 마음 표현하기

◎ 자신의 감정과 생각을 객관적으로 표현한다

- 자신에게 일어난 어려움에 대해 구체적으로 말한다. 즉, 자신이 무엇에 대하여 화가 났는지 설명하고 그 예를 제시한다.
- 구체적인 설명을 하기 위해 사건에 대하여 기록해 두면 기억하는 데 도움이 된다.
- 상대방에게 객관적으로 이야기하고 상대방의 긍정적인 속성을 아무리 부각시키려고 한다 해도 상대방이 객관성을 잃고 이성을 잃을 수 있다는 것을 예상해야 한다(그런 경우는 일단 대화를 멈추고, 상대방의 감정도 가라앉을 때까지 대화를 다음 기회로 넘긴다).

◎ '나'로 시작하는 말: 너-메시지(You-Message) & 나-메시지(I-Message)

- '너'로 시작하는 말(너-메시지)에 대해 설명하고 일상생활에서 사용되는 예를 찾아본다.
- 자신이 '너-메시지'를 들었을 때의 감정과 생각을 탐색한다.
- '나'로 시작하는 말(나-메시지; I-Message)에 대해 설명한다.

  ☞ 나는 ~ + 상대방의 문제가 되는 행동과 상황 + 나에게 미친 영향과 결과

  <참조 예시>

  나는 당신이 나에게 무조건 명령을 하면(문제가 되는 말과 상황)

  → 내가 무시를 당하는 것 같아(나에게 미친 영향) 마음이 울적해져요(나에게 나타난 결과).

  → 나는 당신이 나에게 설명을 해 주면 고맙겠어요(I message to you－요청).

◎ 내 마음 표현하기: 연습

- '나'를 주어로 이야기한다. "나는 ~~~"

- 상대방의 문제가 되는 행동과 상황을 구체적으로 말한다.
- 상대방의 행동이 나에게 미친 영향을 구체적으로 말한다.
- 상대방의 말이나 행동으로 일어난 자신의 감정을 인정하고, 이를 솔직하게 말한다. 이때 부정적인 생각이나 감정을 지나치게 강조하지 않는다.

  <참조 예시>

  "나는 당신이 의논도 없이 혼자 결정하고 나서 나에게 하자고 말하면 무시당했다는 생각이 들어 기분이 나빠요."

  〈연습하기〉

  ☞ 상대방의 문제가 되는 행동은?

  ___

  ___

  ☞ 상대방의 행동이 나에게 미친 영향은?

  ___

  ___

  ☞ 그 영향으로 나에게 미친 감정 결과는?

  ___

  ___

- 내 마음을 전달한 후에는 상대방의 말을 경청한다.

◎ 나-메세지 연습하기

- 나-메세지를 적용하여 내담자의 문제를 직접 연습하게 한다.

  ☞내담자의 문제 상황

  ___

  ___

  ☞상대방의 행동이 나에게 미친 행동은?

  ___

  ___

☞상대방의 행동이 나에게 미친 영향은?

☞그 영향으로 나에게 미친 감정의 결과는?

붙임 12-5 언어화하기 5단계 – 갈등 함께 해결하기〈설명지〉

5단계: 함께 해결하기

□ 대화하기 위한 상황(조건) 만들기

◎ 언제 대화할 것인가(대화의 시간)

내담자 스스로 연습한 후 정해진 시간(주로 저녁시간)에 대화를 시도한다. 이때 보통 15~20분간 대화하는 것을 원칙으로 한다.

- 대화할 시간 정하기

☞ 어느날 (　　　)　　　☞ 몇 시 (　　　)

◎ 어떤 상황에서 말해야 하나

대화를 하기 적절한 상황을 판단하여 결정한다.

- 대화 장소 정하기

◎ 대화를 위한 규칙 정하기

- 상대방에게 압력 가하지 않기

상대방에게 상황을 '명확하게 빈틈없이 결정하라.'는 등의 압력을 주지 않는다. 그러면 상대방은 방어적인 입장을 취하면서(공격을 받고 있다고 느낌) 공격적으로 반응하는 가능성이 줄어든다.

- 양쪽이 함께 해결의 가능성을 이야기하고, 그것을 기록한다.

<참조 예시>

어머니가 딸에게 너무 어지른다고 야단을 치고 딸이 놀고 난 직후에 모든 것을 제자리로 치우라고 명령했다면?

→ 딸은 놀이가 끝나고 오후 또는 잠자리에 들기 전까지 모두 정리하겠다고 다른 제안을 할 수 있다. 두 사람이 제안을 받아들이지 않으면, 다른 해결책을 찾을 수도 있다.

- 때로 대화를 중단하고 다른 날로 대화를 연기하여 해결책을 결정할 수 있다.
- 대화를 시도하고 결정을 시행하는 데 따르는 성공과 실패에 대해 함께 이야기한다.

이런 식으로 대화하면 서로가 의견을 제안하고 그 제안에 둘 다 동의하는 해결책을 찾을 수 있다.

긍정주의 심리치료 5단계
목표(긍정적 잠재 능력) 확대하기

1. 프로그램 개요 & 내용
2. **붙임 13** 목표 축소와 목표 확대〈설명지〉
3. **붙임 13-1** 목표 축소와 목표 확대〈기록지〉
4. **붙임 14** 에너지 분배 그래프〈설명지〉
5. **붙임 14-1** 에너지 분배 그래프〈기록지〉
6. **붙임 15** 일간계획 세우기〈설명지〉
7. **붙임 15-1** 일간계획 세우기〈기록지〉
8. **붙임 16** 미래 성취계획표〈기록지〉

프로그램 개요 & 내용

5단계: 목표(긍정적 잠재 능력) 확대하기

5단계 목표 확대하기

회기	내용	자료
14회기	**목표(긍정적 잠재 능력) 확대하기**	• (붙임 13, 붙임 13-1) 목표의 축소와 확대 〈설명지 & 기록지〉

• 13회기 과제 점검하기
• 목표 확대라는 새로운 패러다임을 설명하고 내담자가 언급한 목표가 축소된 긍정적 잠재 능력을 확대하기 위하여 목표 확대라는 개념으로 바꾸고 연습해 보게 한다.

회기	내용	자료
15회기	**에너지 분배하기: 자조(Self-Help) 능력 향상시키기**	• (붙임 14, 14-1) 에너지 분배 그래프 〈설명지 & 기록지〉

• 자조(Self-Help) 능력 향상을 위해 내담자가 자신의 에너지를 분석함으로써 에너지 계획을 수정하여 새롭게 세운다. 그 후 자조(self-help) 능력을 향상시킨다.

회기	내용	자료
16회기	**목표 확대 위한 일간계획 세우기**	• (붙임 15, 15-1) 일간계획 세우기 〈설명지 & 기록지〉

• 목표를 확대하기 위하여 수정한 에너지 계획을 바탕으로 새롭게 작성한다. 내담자가 자신의 일간계획을 세움으로 목표(긍정성)를 확대한다.
• 과제 부여: 작성한 일간계획표 실천하기

회기	내용	자료
17회기	**일간계획표 분석, 실천하기 / 미래 성취계획표 작성, 완성하기**	• (붙임 16) 미래 성취계획표〈기록지〉

• 16회기 과제(일간계획표 실천사항)를 분석, 점검한다.
• 새로운 일간계획을 분석하며, 실천해 보게 한다. 내담자가 조절 가능한 것과 조절 불가능한 것을 이해 · 수용하게 한다.
• 내담자가 자신의 삶의 영역에서 5년 이내 성취하고 싶은 일을 계획하는 '성취계획표'를 작성하게 한다(미래희망).

회기	내용
18회기	**미래 성취계획표 탐색하기 / 종결 준비, 종결, 추수상담 계획**

• 내담자가 작성한 '미래 성취계획표'를 탐색 · 작성해 보게 한다.
• 내담자가 자신과 상대방에 대한 DAI를 새롭게 재작성하여 상담 전후의 변화를 탐색하게 한다.
• 상담을 통해 느낀 점, 변화한 점을 탐색하고 상담을 종결하며 추수 상담에 대해 논의한다.

<table>
<tr><td>5단계</td><td colspan="3">목표(긍정적 잠재 능력) 확대하기(긍정주의 심리치료 pp. 423~453)</td></tr>
<tr><td>필요
회기 수</td><td colspan="3">일반적으로 2~4회기
* 단 내담자에 따라 단회로 끝나거나 몇 회기 연장될 수도 있음</td></tr>
<tr><td>목 적</td><td colspan="3">• 이 단계에서 '목표의 확대'란 긍정적 잠재 능력을 확대하는 것으로 개인의 활용 가능한 잠재 능력 중 축소된 영역을 확장시켜 갈등을 해결하는 새로운 대안을 찾는 것이다.
• 말로 표현하는 능력 강화 → 개인의 심리적 내용과 관련 있는 양상을 다시 한 번 전면에 드러나게 하여 말로 표현하도록 강화한다(상호교제를 위축시키는 의사소통 장애 치유-긍정성 확대).
• 목표 확대(긍정성 확대)의 반대개념인 '목표 축소(긍정성 위축)'에 대한 바른 이해를 증진하고, 무엇이 상대방과의 관계에 어떻게 부정적 영향을 미치는지 탐색하도록 안내한다.
• 내담자가 쏟고 있는 에너지가 어떻게 분포되어 있는지를 분석함으로써 자신을 돌볼 수 있는 에너지 계획을 다시 세우도록 돕는다.
• 새로운 시각을 가지고 자신의 긍정적 잠재 능력을 확대해 간다.
• 종결 및 추수 상담에 대해 안내한다.</td></tr>
<tr><td>자조
(Self-Help)
증진 Tip</td><td colspan="3">• 축소된 활용 가능한 잠재 능력(인지능력/사랑하는 능력) 확대하기: 자신과 상대방을 새롭게 바라보고, 새로운 목표 세우기
• 자신이 세운 확대된 목표를 상대방에게 분명하게 이야기하기: 상대방(또는 배우자)이 협조하지 않는다면 자신의 권리를 존중하면서 상대방의 입장을 고려하여 다시 계획 세우기
• 에너지 계획, 일간 계획 및 미래 성취 5개년 계획 세우기
• '목표 확대' 실천하기: 축소된 긍정적 잠재 능력 확대, 훈련하기</td></tr>
<tr><td rowspan="2">단계의
회기별
내용</td><td>회 기</td><td>내 용</td><td>비 고</td></tr>
<tr><td>14</td><td>※ 13회기 과제점검하기

■ 목표(긍정적 잠재 능력) 확대하기(긍정주의심리치료 pp. 423~428)

• 목표 축소로 나타나는 갈등 줄이기: 축소된 긍정적 활용 가능한 잠재 능력 확대하기 → 자신과 상대방을 새롭게 바라보고 새로운 목표를 세우는 것
• 내담자의 활용 가능한 잠재 능력 중 목표가 축소된 영역을 살펴보고, 이것이 미치는 부정적인 영향을 이해하게 한다.

□ 목표(긍정성) 축소란
• 개인이 적절하게 분화되지 못했거나 갈등 때문에 상대방 또는 자신이 무엇인가를 할 수 없게 하거나 위축되어 관계를 악화시키는 것
• 부모 또는 배우자로부터 각인된 경직된 의사소통체험이 자녀에게 투사되기 쉽다. 이는 의사소통장애를 일으키고 목표</td><td>• (붙임 13, 13-1) 목표의 축소와 확대 〈설명지 & 기록지〉 (pp. 140~141)</td></tr>
</table>

를 축소시키는 결과에 이른다.

<참조 예시>

한 어머니가 딸에게 말했다. "너 때문에, 네가 학교에서 그렇게 게으르기 때문에, 오후 내내 소리를 질렀다. 그러니 내가 너랑 같이 시내에 나갈 거라고 꿈도 꾸지 마라. 완전히 기운 빠졌으니까……."

⇨ 이 예시에서 어머니는 벌 주는 것을 당연시하고 있다. 어머니는 딸에게 자기가 하고 싶은 일을 포기함으로써 자신의 가능성과 목표를 축소하고 있다. (의사소통장애가 투사된 경우)

- 목표 확대를 위한 '의사소통장애' 치유 작업
- 목표(긍정성) 확대를 위한'의사소통장애'라는 새로운 패러다임을 설명한다. 그리고 내담자가 언급한 축소된 잠재 능력을 확대하도록 한다.
- 문제가 된 상황을 해결하기 위해 벌주는 것을 당연시하는 것보다는 말로 표현하여 상호협력체계에서 긍정성을 확대해가도록 돕는다.
- 목표 축소의 본질적인 요인이 '의사소통 장애'에서 기인된다면, 목표 확대하기 작업은 '치료의 시작'이라 할 수 있는 건강한 심리 작업이다.
- 기본원리: 순간적인 갈등 때문에 상대방과의 관계가 불행한
14 것이 아니라 그러한 갈등이 수많은 삶의 문제 중 하나로서 삶의 한 과정임을 수용하도록 돕는다.

□ 목표(긍정성) 확대하기(긍정주의 심리치료 pp.426~427)

활용 가능한 잠재 능력 중 축소된 영역에서 목표를 확대한다. 이때 내담자가 자신의 관점에 초점을 맞추어 가능한 대안 가운데서 자유롭게 선택하게 한다.

<참조 예시> 목표 축소 및 확대하기의 예화

영역(DAI)	목표(긍정성)의 축소	목표(긍정성)의 확대
교제, 우리(가족집단 더 확장된 집단)와의 관계, 전통, 정확함과 완벽주의	"전에는, 아이들 곁에 있어 주는 것에만 대단히 큰 가치를 부여했어요. 그러는 동안, 우리는 사회적으로 완전히 고립되고 말았어요. 마침내 우리 곁에 아무도 남아 있지 않게 되었답니다. 그리고 아이들이 집을 떠나게 되자 아내는 갑자기 불안이 몰려와서 괴로워하기 시작했어요. 그것이 아내가 심리치료를 받으러 온 이유입니다." (53세 종업원. DAI영역과 관련된 수단, 즉 당신 또는 핵가족으로 제한됨)	"처음에, 우리는 몇 년간 만나지 않고 지냈던 친척을 초대했어요. 우리 아이들이 더 이상 거의 우리를 만나러 오지 않는다는 것을 깨달았을 때, 우리는 자연스럽게 사교적인 모임에 아이들도 초대했습니다. 그런데도 여전히 무엇인가 억압되어 있는 것같이 느꼈습니다. 이번 여름에 처음으로 휴가 여행을 떠났고, 거기서 아주 좋은 사람들을 만났답니다. 그들에게서 초대도 받았고요."

<table>
<tr>
<td>14</td>
<td>
<table>
<tr>
<td>근면/성취,
교제, 시간,
믿음, 이성,
성적 특질,
당신과의
관계</td>
<td>“전에 저에게 중요했던 것은 오직 일뿐이었어요. 심지어 제 아내와 아이들도 두 번째 우선순위였지요.”
(위장 질환이 있는 44세 매니저. DAI영역과 관련된 수단, 즉 자신의 일과 관련된 우리, 당신과의 위축된 관계)</td>
<td>“이제 새로운 시작을 하게 되었어요. 원래 제가 늘 시간에 쫓겼는데, 제가 시간을 많이 낼 수 있음을 알았거든요. 그래서 저는 가끔 책을 읽거나 가족들과 함께 뭔가를 하는데 시간을 낸답니다. 오랫동안 제게 성적 특질이 조금도 중요하지 않았기 때문에 아내가 애를 태웠죠. 요즘엔 성관계까지도 다시 활발해졌어요.”
(아내와 아이들이라는 당신과의 관계 확대)</td>
</tr>
</table>

□ 종결 계획
• 종결준비를 위한 논의
☞ 내담자에게 종결에 대해 설명하고 언제쯤 종결할 것인지 함께 계획을 세운다.
</td>
<td></td>
</tr>
<tr>
<td>15</td>
<td>
▣ 목표(긍정적 잠재 능력)확대를 위한 에너지 분배하기: 자조(Self-Help) 능력 향상시키기

• 내담자의 목표 없는 에너지 소비를 분석하고, 목표를 확대하여 자신의 에너지를 모든 영역으로 고르게 재분배하는 계획을 세우도록 돕는다.
☞ 목표 설정 없는 에너지 소비를 목표 있는 소비로 바꿀 수 있게 된다면 충분한 에너지와 시간을 가질 수 있을 것이다.
<참조 예시>
가능성 없는 기대, 소망, 공상, 자기연민(Self-Pity)에 빠지는 시간 소비를 건전하고 긍정적인 ‘목표 있는 소비’로 바꾸게 하는 것이다.
• 내담자가 자신의 기울어진 에너지를 분석함으로써 자신을 위한 새로운 에너지 계획을 세우게 한다.

◎ 에너지 사용 분석하기
• 개인적인 영역에서 시간과 에너지를 얼마나 많이 사용하는지를 백 분율로 기록한다.
• 기록할 때는 다음에 제시된 영역별로 분석하여 기록한다.
<참조 예시>
나(I): 자기 자신의 관심거리, 즉 개인적인 위생, 자신의 관심, 스포츠, 잠자기, 독서하기 등
당신(Thou): 상대방(배우자), 자녀, 남자친구나 여자친구 등과 관련하여 시간과 에너지를 사용하는 것 (이야기 나누기, 상대방에 대한 비판, 애정, 성적인 관심, 일반적인 관심 등)
</td>
<td>• (붙임 14, 14-1) 에너지 분배 그래프 〈설명지 & 기록지〉 (pp. 142~144)</td>
</tr>
</table>

15

당신/우리(Thou/We): 조부모, 부모, 형제, 자매 등의 가족관계 향상에 에너지 분배하는 것(대화, 관심가지기, 애정, 함께하기 등

<참조 예시> 한 여성의 에너지 분배에 대한 평가(긍정주의 심리치료 pp. 429~430)

"내가 하는 일은 거의 모두 남편이나 아이들과 관련되어 있어요. 내 에너지의 60%가 그들을 향하고 있다고 해도 과언이 아니에요. 저는 전업주부로서 집안일만 하고 있죠. 에너지의 약 20%를 사용해요. 아버지가 돌아가시기 전보다 더 많은 시간을 어머니와 보내고 있는데 아주 많은 에너지를 그 일에 사용하는 것 같아요. 아마 한 10%쯤 된다고 할까요? 저는 동성 친구와 아는 사람들도 좀 있어요. 하지만 그들과는 아주 가끔 만나기 때문에 아마 5%쯤 사용하는 것 같아요. 사실, 저는 종교에 관심이 전혀 없어요.

정치나 세계관에 대한 관심도 별로 없는 편이구요(1%). 왼쪽 맨 위에 저에게 남는 에너지를 모두 합해 보면, 약 4%쯤 되네요……."

이 여성의 경우 주부로서 가족과 함께 보내는 시간이 대부분이기 때문에 '당신(Thou)' 영역과 당신/우리 영역(Thou/We)에 에너지의 80%를 사용하고 있다.

그러므로 에너지의 결핍이나 실제적인 약점이 있는 것이 아니라 에너지의 구분이 일방적으로 한 쪽에 치우쳐 있는 것이다.

<참조 예시> 에너지 분배 그래프 기록하기

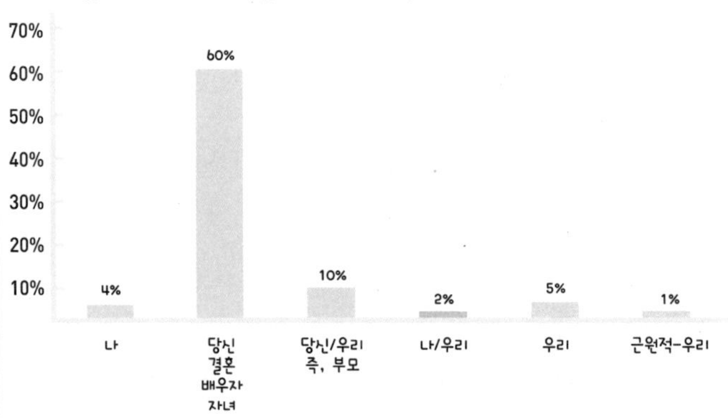

<table>
<tr>
<td>15</td>
<td>◎ 자신의 에너지 분배 그래프 기록하기

100%
90%
80%
70%
60%
50%
40%
30%
20%
10%

나 (I)
당신 (Thou): 결혼, 배우자, 자녀, 이성친구
당신/우리 (Thou/We): 부모, 형제, 자매
나/우리 (I/We): 일/직업
우리 (We): 동료, 사교성, 사회
근원적-우리 (Origin-We): 세계관, 종교

□ 새로운 에너지 계획 세우기
에너지 분배 평가를 통해 자신에게 부족한 영역을 찾고 새롭게 자신만의 에너지 분배 계획을 세운다.</td>
<td>• (붙임 15-1) 일간 계획 세우기 〈설명지 & 기록지〉 (pp. 146~147)</td>
</tr>
<tr>
<td>16</td>
<td>▣ 목표 확대(긍정성확대)를 위한 일간계획 세우기(긍정주의 심리치료 p. 433)

시간과 관련된 자신의 행동양식을 분석하고 새롭게 계획하는 것은 축소된 활용가능한 잠재 능력을 긍정적으로 확대하는 과정의 하나다.

□ 평소 일간계획 분석하기
• 내담자에게 평소의 일간계획을 작성하게 하며, 분석해 보게 한다.
<참조 예시> 일간 계획표
6:30AM 일어나기
6:30~6:45 용변, 샤워, 양치질
6:45~ 7:00 음악을 들으며 휴식하거나 운동하기. 옷 입기
7:00~ 7:30 아침식사 준비하기, 남편과 함께 식사하기, 일간 계획에 대해 이야기하기
7:30 남편 출근시키기
7:35~8:45 아이들 준비시키기, 그들의 계획에 대하여 이야기 나누기
8:45~9:15 성아 8:45에 학교에 보내기
9:15~11:00 설거지하기, 침대 정리하기
11:00AM ~1:15PM 쇼핑하러 가기, 예진(막내)이를 함께 데리고 감
1:15~1:45 집안일, 식사 준비하기
1:45~2:00 성아 학교에서 집으로 돌아옴. 함께 식사하기
2:00~3:30 설거지하기 (아이들이 함께 도와줌)</td>
<td>• (붙임 15, 15-1) 일간 계획 세우기 〈설명지 & 기록지〉 (pp. 145~147)</td>
</tr>
</table>

	3:00~4:30 나 자신을 위하여 낮잠 자기. 잠을 안 자면 신문이나 책 4:30~5:15 읽기. 다림질, 세탁, 집안에서 해야 할 필요가 있는 일 하 5:15~5:30 기. 저녁 준비하기 5:30~6:00 숙제 점검하기(자녀) 6:00~8:00 저녁 식사하기(만일 남편이 늦으면, 그의 식사는 오븐에 넣어 둠). 영어 강의. 이는 나를 위한 재교육과정. 아는 사람의 차에 동승하여 감. 만일 남편이 이 시간까지 집에 오 8:00~9:00 지 않으면, 성아가 예진이를 돌봄 9:00~10:30 아이들이 잠잘 시간. 아이들의 문제를 함께 나눔. 이 시간에는 여러 가지를 할 수 있음(남편과 함께 앉아서 이야기를 나누거나, 남편과 산책을 하거나, TV를 보거나, 약 10:30 책을 읽음) 잠자리에 들기 • 작성한 일간 계획표를 보고 이전 회기의 에너지 분배 평가를 참고하여 수정할 부분을 찾는다. □ 일간 계획 세우기 새로운 에너지 계획을 바탕으로 일간계획을 새롭게 작성한다.	
16회기 과제	**작성한 일간계획표 실천하기**	
17	※ 16회기 과제 점검하기 ▣ **일간계획표 분석, 실천하기** 새로운 일간계획표를 한 주간 실천한 결과를 함께 분석한다. □ 새로운 일간 계획표 완성하기 • 과제평가를 통해 일간계획을 실천하면서 자신이 조절 가능한 것과 불가능한 것을 찾고 이를 수정, 수용하도록 한다. • 과제평가를 통해 새롭게 적용한 일간계획표를 작성하고 실천하도록 격려한다. ▣ **미래 성취계획표 작성하기**(긍정주의 심리치료 p. 431) 내담자가 자신의 삶의 영역에서 5년 이내 성취하고 싶은 일들을 계획하는 미래 성취계획표'를 탐색하여 작성하게 한다.	• (붙임 16) 미래 성취 계획표 〈기록지〉 (p. 148)
18	▣ **미래 성취계획표 탐색하기/종결준비, 종결, 추수상담 계획** • 내담자가 작성한 '미래 성취계획표'를 탐색하고, 자신이 조절 가능한 것과 불가능한 것을 찾고 이를 수정, 수용하도록 한다.	

	18	• 새로운 성취계획표를 작성하고 계속 실천하도록 내담자를 격려한다. • 미래 성취 계획표는 계획이 바뀔 때 새로운 수정을 해 봄으로써 개인의 목표 확대 잠재력이 향상되는 데 그 목적이 있다. □ 종결준비, 종결, 추수상담 계획 • 종결 준비: DAI (Differentiation Analysis Inventory) 목록 재작성하기 ☞ 자신과 상대방에 대한 DAI 목록을 새롭게 재 작성하여 상담 전후의 변화를 탐색하여 새로운 변화를 점검한다. □ 상담 종결과 추수 상담 계획 상담을 통해 느낀 점, 변화한 점을 탐색하고 상담을 종결하며 추수 상담에 대해 논의한다.	• (붙임 5) DAI 분화복석목록 〈기록지〉 재작성 (p. 66)
고려사항	추수 상담 → 내담자와 치료자의 상황에 맞추어 한 달 후, 또는 두 달 후에 한 번 또는 두 번에 걸쳐 종결 후의 적응 상황을 점검한다. 이는 긍정적 에너지를 유지할 수 있도록 지원, 격려하기에 유익하다.		

붙임 13 목표 축소와 목표 확대〈설명지〉

■ 목표(긍정적 잠재 능력)확대하기(대안 찾기)

□ 목표(긍정성)의 축소

개인이 적절하게 분화되지 못했거나 갈등 때문에 상대방 또는 자신이 무엇인가를 할 수 없게 되거나 위축되어 긍정적이고 발전적인 관계를 악화시키는 것

□ 목표(긍정성)의 확대

앞에서 언급한 목표 축소로 인한 위축된 잠재 능력(긍정성)을 확대시키기 위한 발전 가능한 대안점을 찾는 것

<참조 예시>

문 제	영역(DAI)	목표의 축소(잠재 능력 축소)	위축된 목표의 확대(대안점)
자녀의 독립으로 인해 불안하게 된 아내	교제, 우리 (가족집단, 더 확장된 집단) 와의 관계, 전통, 정확함과 완벽주의	"전에는, 아이들 곁에 있어 주는 것에만 대단히 큰 가치를 부여했어요. 그러는 동안 우리는 사회적으로 완전히 고립되고 말았어요. 마침내 우리 곁에 아무도 남아 있지 않게 되었답니다. 아이들이 집을 떠나게 되자 아내는 갑자기 불안감이 몰려와서 괴로워하기 시작했어요. 그것이 아내가 심리치료를 받으러 온 이유입니다."	"처음에 우리는 몇 년간 만나지 않고 지냈던 친척을 초대했어요. 아이들이 더 이상 거의 우리를 만나러 오지 않는다는 것을 깨달았을 때 우리는 자연스럽게 사교적인 모임에 아이들도 초대했습니다. 그런데도 여전히 무엇인가 억압되어 있는 것같이 느꼈습니다. 이번 여름에 오랫만에 처음으로 휴가 여행을 떠났고, 거기서 아주 좋은 사람들을 만났답니다. 그들에게서 초대도 받았고요……."
위장질환으로 고생하는 44세 매니저	근면/성취, 교제, 시간, 믿음, 이성, 성적 특질, 당신과의 관계	"전에는 저에게 중요했던 건 오직 일 뿐이었어요. 심지어 내 아내와 아이들도 두 번째 우선순위였지요." 잠재 능력 축소: 영역과 관련된 수단들, 즉 자신의 일과 관련된 우리, 당신과의 위축된 관계	"이제 새로운 시작을 하게 되었어요. 원래 늘 시간에 쫓겼는데, 제가 시간을 많이 낼 수 있음을 알았거든요. 그래서 이제 저는 가끔 책을 읽거나 가족과 함께 뭔가를 하는 데 시간을 낸답니다. 오랫동안 제게 성적 특질이 조금도 중요하지 않았기 때문에 아내가 애를 태웠죠. 요즘엔 성관계까지도 다시 활발해졌어요." 잠재 능력 확대: 아내와 아이들과 당신과의 관계 확대

붙임 13-1

■ 목표 축소로 인한 위축된 긍정성 확대하기(대안점 찾기)

문 제	영역(DAI)	목표(긍정성)의 축소 〈긍정적 잠재 능력 축소〉	위축된 목표의 확대 〈긍정적 대안점〉

붙임 14 에너지 분배 그래프〈설명지〉

다음은 당신의 시간과 에너지를 어떻게 사용하는지를 알아보기 위한 것입니다. 아래에 제시된 영역을 참고로 하여 자신의 시간과 에너지가 어떻게 사용되고 있는지를 살펴보고 제시된 '에너지 분배 그래프'에 표시하십시오.

개인적 영역

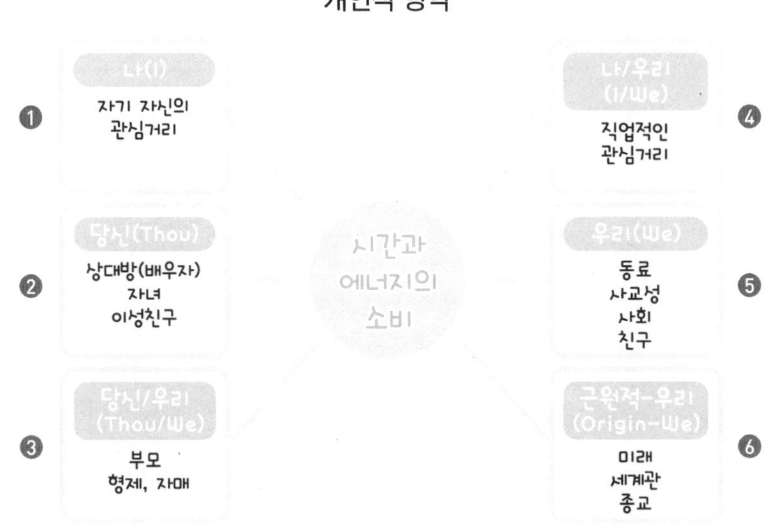

<참조 예시>

한 여성의 에너지 분배에 대한 평가(긍정주의 심리치료 pp. 429~430)

- 내가 하는 일은 거의 모두 남편이나 아이들과 관련되어 있어요. 내 에너지의 60%가 그들을 향하고 있다고 해도 과언이 아니에요. 저는 전업주부로서 집안일만 하고 있죠.
- 에너지의 약 20%를 사용해요. 아버지가 돌아가시기 전보다 더 많은 시간을 어머니와 보내고 있는데 아주 많은 에너지를 그 일에 사용하는 것 같아요. 아마 한 10%쯤 된다고 할까요.
- 저는 동성 친구들과 아는 사람들도 좀 있어요. 하지만 그들과는 아주 가끔 만나기 때문에 아마 5%쯤 사용하는 것 같아요. 사실, 저는 종교에 관심이 전혀 없어요.
- 정치나 세계관에 대한 관심도 별로 없는 편이구요(1%). 왼쪽 맨 위에 저에게 남는 에너지를 모두 합해보면, 약 4%쯤 되네요……."

→ 이 여성의 경우 주부로서 가족과 함께 보내는 시간이 대부분이기 때문에 '당신(Thou)' 영역과 '당신/우리 영역(Thou/We)'에 에너지의 80%를 사용하고 있다. 그러므로 에너지의 결핍이나 실제적인 약점이 있는 것이 아니라 에너지의 구분이 일방적으로 한 쪽에 치우쳐 있는 것이다.

◎ S부인이 평가한 에너지의 분배

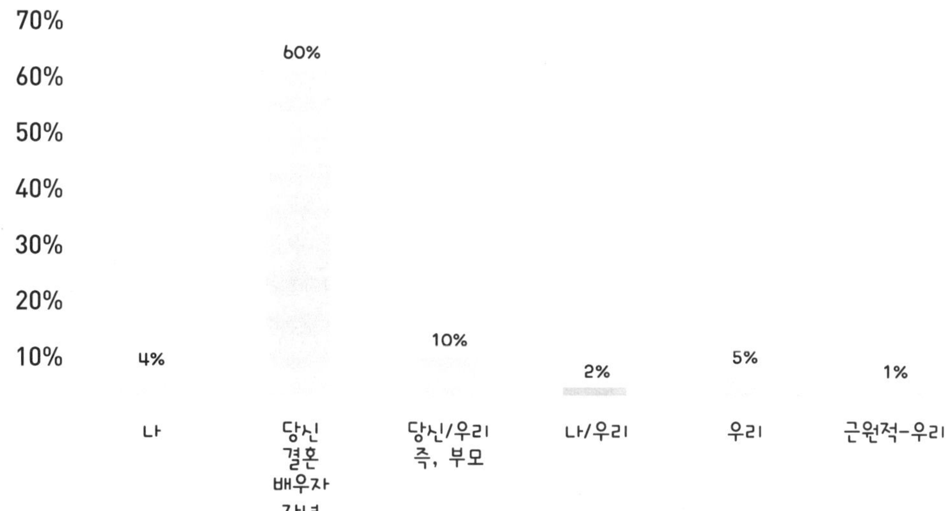

붙임 14-1 에너지 분배 그래프〈기록지〉

	나 (I)	당신 (Thou)	당신/우리 (Thou/We)	나/우리 (I/We)	우리 (We)	근원적-우리 (Origin-We)
100%						
90%						
80%						
70%						
60%						
50%						
40%						
30%						
20%						
10%						
		결혼, 배우자, 자녀	부모, 형제, 자매	일/직업	동료, 사교성, 사회	세계관, 종교, 원가족

◎ 건강한 에너지 분배

- 한눈에 볼 수 있는 특징이 있다(통찰에 도움이 됨)
- 현재 상황에서 자신의 에너지 분배가 적절한지 부적절한지를 분석하여, 새로운 에너지 분배를 통해 활성화된 삶의 여정으로 들어가는 탐색 과정이다.
- 나, 당신, 우리, 근원적 우리, 세계관, 종교관, 원가족 등을 고려하여, 치우치지 않고 명료하고 적절하게 조정하여 건강하고 활기찬 에너지를 분배할 수 있도록 통찰하여 자조능력을 향상시키는 데 목적이 있다.

◎ 에너지 사용 분석하기

- 개인적인 영역에서 시간과 에너지를 얼마나 많이 사용하는지를 백분율로 기록한다.
- 기록할 때는 다음에 제시된 영역별로 분석하여 기록한다.

<참조 예시>

나(I): 자기 자신의 관심거리, 즉 개인적인 위생, 자신의 관심, 스포츠, 잠자기, 독서 등등

당신(Thou): 상대방(배우자), 자녀, 이성친구 등과 관련하여 시간과 에너지를 사용하는 것(이야기 나누기, 상대방에 대한 비판, 애정, 성적인 관심, 일반적인 관심 등)

당신/우리(Thou/We): 조부모, 부모, 형제자매 등의 가족관계 향상에 에너지를 분배하는 것(대화, 관심가지기, 애정, 함께하기 등)

붙임 15

■ 목표 확대를 위한 일간계획 세우기(긍정주의 심리치료 pp. 433~435)

시간과 관련된 자신의 행동양식을 분석하고 새롭게 계획하는 것은 축소된 활용 가능한 잠재능력을 확대하는 과정의 하나다.

□ 일간계획 분석하기

- 내담자에게 평소의 일간계획을 작성하게 한다.
- 작성한 일간계획표를 보고 앞의 에너지 분배 평가를 참고하여 수정할 부분을 찾는다.

□ 일간계획 세우기

새로운 에너지 분배계획을 바탕으로 일간계획을 새롭게 작성한다.

<참조 예시> 일간계획

6:30 a.m	일어나기
6:30~6:45	용변, 샤워, 양치질
6:45~ 7:00	음악을 들으며 휴식하거나 운동하기. 옷입기
7:00~ 7:30	아침식사 준비하기, 남편과 함께 식사하기, 일간계획에 대해 이야기하기
7:30	남편 출근시키기
7:35~8:45	아이들 준비시키기, 그들의 계획에 대하여 이야기 나누기
8:45~9:15	성아는 8:45에 학교에 보내기
9:15~11:00	설거지하기, 침대 정리하기
11:00a.m ~1:15p.m	쇼핑하러 가기, 예진(막내)이를 함께 데리고 감
1:15~1:45	집안일, 식사 준비하기
1:45~2:00	성아가 학교에서 집으로 돌아옴. 함께 식사하기
2:00~3:30	설거지하기(아이들이 함께 도와줌)
3:30~4:30	나 자신을 위하여 낮잠자기. 잠을 안 자면 신문이나 책 읽기
4:30~5:15	다림질, 세탁, 집안에서 해야 할 필요가 있는 일 하기. 저녁 준비하기
5:15~5:30	숙제 점검하기(자녀)
5:30~6:00	저녁 식사하기(만일 남편이 늦으면, 그의 식사는 오븐에 넣어 둠)
6:00~8:00	영어 강의. 이는 나를 위한 재교육과정. 아는 사람의 차에 동승하여 감. 만일 남편이 이 시간까지 집에 오지 않으면 성아가 예진이를 돌봄
8:00~9:00	아이들이 잠잘 시간. 아이들의 문제를 함께 나눔
9:00~10:30	이 시간에는 여러 가지를 할 수 있음(남편과 함께 앉아서 이야기를 나누거나 남편과 산책을 하거나, TV를 보거나 책을 읽음)
약 10:30	잠자리에 들기

붙임 15-1 일간계획 세우기〈기록지〉

시간		계획
오전		

오 후		

붙임 16 미래 성취계획표(기록지)

자신의 삶의 영역에서 5년 이내 성취하고 싶은 일을 생각해 보고, 다음에 제시된 '미래 성취 계획표'를 완성한 후 치료자와 나눈다(긍정주의 심리치료 p. 431 참조).

삶의 영역	1년 후	3년 후	5년 후
건강			
재정(돈)			
가족/친구			
지식/학습			
정신/영성			

부 록

1. 기본적 잠재 능력
2. 활용 가능한 잠재 능력
3. 상호작용 9가지 유형

기본적 잠재 능력

1. 인지 능력

■ 인지능력(capacity to know)의 양식: 통합의 중요성

□ 감 각

- 모든 인간은 자신의 감정을 통해 처음으로 자신과 자신의 주변 세계를 직접적으로 경험한다.
- 만지고, 보고, 듣고, 냄새를 맡고, 맛을 보는 등의 행동을 한다.
- 신체 상태와 각 신체기관에 대한 정보를 전달해 주는 역할을 한다.

□ 이 성

- 이는 사고 과정에 기초한다.
- 일반적으로 이성이 문제 해결과 관련된 기능, 즉 현실을 검증하는 역할도 한다.
- 사고는 행동의 결과를 예측하고, 감수해야 할 위험 정도에 따라 그 결과를 비교할 수 있게 돕는 역할을 한다.
- 개인이 언제, 어디서, 누구에게 정중해야 하는지와 언제, 어디서, 누구에게 정직하게 하는지를, 또는 어떤 순서가 어떤 장소에서 언제 적절한지를 결정한다(p. 139).

□ 전 통

- 인간은 역사적인 존재다.
- 동물은 항상 새롭게 시작해야 하며, 선천적인 과거(본능)와 축소된 과거(자신만의 학습 경험)를 가지는 데 반하여 인간은 마음대로 모든 역사과정을 만들어 갈 수 있다.
- 인간은 자신이 속한 사회에서 축적된 경험과 성취에 따라 형성된다.
- 자신의 개별적인 발당과정 속에서 학습 경험을 가진다.

□ 직 관

- 보다 깊이 있는 인식은 이른바 시어(詩語)에서 말하는 마음으로부터의 음성이다.

- 종교에서는 영감이라 말한다.
- 심리학에서 직관 또는 직관적 판단이라 한다.
- 분석적 사고는 단계적으로 일어나는 반면, 직관적 사고는 불연속적으로 일어난다.
- 직관적 사고는 무의식적이고 잠재적인 사고과정이라고 할 수 있다.
- 꿈과 환상의 심리적 과정과도 깊이 관련되어 있다.
- 문제 및 갈등에 대한 해결방법을 제시할 수도 있다.

■ 네 가지 양식의 통합 필요성

- 네 가지 양식이 모두 통합될 때만 판단의 범주와 기준으로 인간 경험의 모든 가능성이 활성화될 수 있는 인간 본연의 모습을 이룰 수 있다.
- 네 가지 양식의 기능은 '무의식'에 의해 더 많게 또는 더 적게 서로 영향을 끼친다.
- 이 양식은 발달과정에서 분화되어 온 것으로 인간이 자기 자신과 자신의 환경을 지각하는 방식을 결정한다.
  ☞ 여기서 현실에 대한 질문과 분별이 가능하다.
  ☞ 인간은 환경을 자신이 아는 방법에 따라 자기가 보고 싶은 대로 보기 때문에, 이 네 가지 양식은 환경의 영향을 통해 지지되거나, 억제되거나 또는 한쪽으로 치우쳐서 발달될 수 있는 잠재 능력으로 거론된다.

인지 능력 네 가지 기능 발달의 기본모형(긍정주의 심리치료 p. 135)

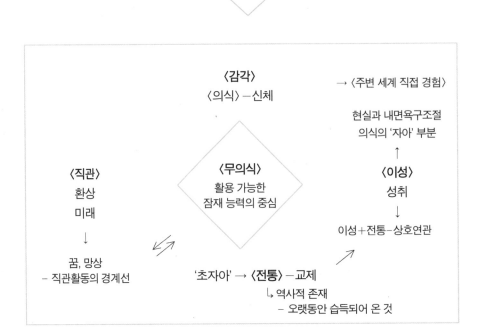

인지 능력 네 가지 기능 발달의 기본 모형 내면화 과정

1) 감 각

■ 동의어 및 예시

촉각(누름, 가려움, 간지럼, 쓰다듬기, 만지기 등), 후각(킁킁거림, 냄새 맡기, 냄새 분간하기 등), 미각(맛보기, 풍미, 메스꺼움, 질림, 식욕이 나지 않음, 불쾌함, 향기로움, 맛 좋음, 감칠맛 있는), 맛의 특성(달콤한, 신, 쓴, 짠 등), 시각(봄, 알아차림, 노출, 상대의 외모를 좋아함, 초상화가 형편없는 등), 청각(협화음, 불협화음, 큰, 잔잔한, 날카로운, 단조로운, 소음, 음악, 연설 등), 평형감각(균형을 잃음, 어지러움, 현기증 등)

■ 특별한 질문

인지 능력 양식	부모와의 관계에 대한 감각적 인식 탐색	평 가
감 각	아버지와 어머니 중 누가 당신과 더 신체적으로 친밀한 관계가 있었는가?	
	누가 당신을 어루만져 줬는가?	
	식사 시간은 규칙적이었는가?	
	당신이 신체를 이용하여 놀 때(예를 들어, 엄지손가락 빨기, 자위행위 등) 부모님은 어떻게 반응했는가?	
	당신은 신체적인 벌을 받았는가?	
	가족 구성원이나 친구는 운동과 같은 신체적인 활동을 중요하게 여겼는가?	
	몸이 아플 때 사람들은 당신을 어떻게 대하였는가(아픈 것을 무시당했는가? 보살핌을 받고 보호를 받으며, 관심을 받았는가?)?	
	몸에 병이 생겼을 때 즉시 치료를 하였는가?	
	가능하다면 집에서 치료하려고 하였는가?	
	아플 때조차 가능하면 참아야만 했는가?	
	곧바로 잠자리에 들어야 했는가?	
	아플 때 누가 간호를 해 주었는가?	

부
록

- 각 평가는 (+), (−)로 평가한다. (+)와 (−)를 세 개까지 평점할 수 있다.
- 매우 긍정적은 (+) 세 개, 보통은 (+−), 매우 부정적은 (−) 세 개까지 적용한다.

2) 이 성

■ 동의어 및 예시

논리적인, 객관적인, 합리적인, 이해 가능한, 세상물정에 밝은, 명백한, 논의하다, 토의하다, 비판하다, 논쟁하다, 추론하다, 지성의, 이해하는, 어리석은, 멍청한, 근시안적인, 원시적인, 무지의, 나약한 마음을 가진, 얼간이, 제정신이 들게 하다, 이성에 호소하다.

■ 특별한 질문

인지 능력 양식	부모와의 관계에 대한 이성적 인식 탐색	평 가
이 성	당신은 문제가 있을 때 누구에게(아버지, 어머니) 이야기할 수 있는가?	
	부모님 중 누가 당신과 놀아 주었는가?	
	당신은 그 분과 충분히 놀았는가? 부족함을 느끼지는 않았는가?	
	당신이 보기에, 부모님은 당신의 질문에 대답하기 위해 노력했는가?	
	당신은 부모님께 문제를 말할 수 있었는가?	
	부모님 중 누가 숙제를 같이 해 주었는가?	
	당신은 무엇 때문에 해야 하는가 또는 하지 말아야 하는가에 대한 설명을 들었는가?	
	무언가 잘못을 했을 때, 부모님은 당신의 실수에 대해 설명해 주었는가, 아니면 단순히 호통을 쳤는가?	
	당신의 생각이나 고려사항이 당신의 부모님과 선생님에게 인정받고 있다는 느낌을 받았는가?	
	뭔가 잘못되었을 때(가령 나쁜 성적, 지각 등), 부모님은 어떻게 행동하였는가?	
	당신은 부모님께 사실대로 말할 수 있었는가?	
	사람에게 지능이 매우 중요한 것이라고 생각하는가?	

당신은 자신이 지성인이라 생각하는가, 아니면 그렇지 않다고 생각하는가?	
배우자와 동료가 당신의 사고과정을 이해하지 못한다고 느끼는가?	
당신이 생각하는 바를 말로 할 수 있는가?	
당신의 업무는 논리적인 사고에 크게 의존하는가?	
결단을 내리는 데 어려움을 겪는가?	
누가 직업의 선택에 가장 많은 영향을 미쳤는가?	
배우자를 선택할 때 부모님이 영향을 미쳤는가?	

3) 전통(관습)

■ 동의어 및 예시

형성된, 분명한, 물려진, 유효성이 증명된, 뿌리 깊은, 가계도, 증거, 기록, 관습, 습성, 관례, 관습법, 역사, 보수적인, 고정된, 전통적인, 그대로 남아 있다.

■ 특별한 질문

인지 능력 양식	전통과 관습에 대한 인식 탐색	평 가
전 통	누가 당신에게 이야기를 읽어 주거나 말해 주었는가(아버지, 어머니, 조부모, 외숙모, 유치원 선생님)?	
	당신은 동화나 소설 중에 잊지 않고 기억하는 것이 하나라도 있는가?	
	당신은 역사적 사건에 관심이 있는가?	
	당신은 전통을 중시하는가?	
	당신의 부모님은 전통을 가치 있게 여기는가?	
	당신의 부모님은 전통적 관념을 고수하는가?	
	당신은 차라리 모든 전통을 밖으로 내던지고 싶은가?	
	당신은 아버지(어머니)와 같은 직업을 선택했는가?	
	당신은 소중한 관습을 쉽게 포기하는가?	
	당신은 스스로 보수적이라고 하겠는가?	
	당신은 새로운 주변 환경에서 어떤 느낌을 받는가?	
	당신은 익숙한 전통과 익숙한 상황을 고수하는가?	

4) 직 관

▣ 동의어 및 예시

영감, 갑작스러운 영감, 예감, 감정적, 타율적, 창조적, 직관, 상상의, 낭만적인, 환상에 잠기는, 비현실적, 유토피아적, 상상하기, 누군가를 믿게 하기, 발명하기, 꿈 속 세계, 신기루, 변덕, 공상에 잠기기, 신기루, 공상의 나라.

▣ 특별한 질문

인지 능력 양식	직관에 대한 인식 탐색	평 가
직 관	당신의 공상과 영감을 누구에게 말할 수 있는가(아버지, 어머니)?	
	당신 생각에, 아직도 활발한 공상적 삶을 살고 있는가?	
	당신은 어린 시절 자주 환상을 가졌는가?	
	당신은 부모 중 누가 공상을 자주 한 것으로 기억하는가?	
	당신은 논리적인 설명을 할 수 없더라도, 공상을 통해 만족감을 느낄 수 있는가?	
	당신이 하는 공상은 부모에 의해 받아들여졌는가?	
	당신이 한 이야기 때문에 거짓말쟁이로 불렸는가?	
	당신은 현실보다 공상을 더 좋아하는가?	
	당신은 아내(또는 남편)가 다른 사람이었다면 어떨까라는 생각에 자주 잠겼는가?	
	당신은 다른 직업을 가지면 어떨까라는 생각을 자주 하는가?	
	당신은 가끔 죽으면 어떤 느낌일까라고 생각해 보는가?	
	당신은 자주 과거를 회상하는가?	
	당신은 미래에 자신이 어떤 모습인지 스스로 그려보기를 좋아하는가?	

당신은 장난삼아 자살을 생각해 본 적이 있는가?	
당신은 자살을 한 번이라도 시도해 본 적이 있는가?	

5) 무의식

▣ 동의어 및 예시

의식, 동기가 없는, 예측할 수 없는, 말없이 가는, 자발적인, 강요, 충동적인, 불합리한, 본능적인, 무의식적인, 충동에 이끌린, 무심결의, 비의도적으로, 무의식적으로, 심리학적 구조, 고의가 아닌, 억압된, 타고난 소질이다, 그냥 그대로 해라, 어쩔 수 없어, 자동적인, 생각할 필요 없는.

▣ 특별한 질문

	무의식에 대한 인식 탐색	평 가
무의식	당신은 어떠한 일을 한 뒤에(상황) 스스로 화를 자주 내는가?	
	당신은 누군가 당신을 실망시키면, 그로부터 완전히 떠나는가(상황)?	
	당신은 자신에게 배우자 또는 부모에게서 떠오르는 특성을 가끔 발견하는가?	
	당신은 배우자의 문제와 어려움을 자신의 일로 여기는가?	
	당신이 화가 났을 때 그것을 아이들이나 또는 그 일과 관련되지 않은 주변 사람에게 푸는 일이 자주 일어나는가(상황 및 내용)?	
	당신은 사고, 대참사 또는 죽음에 대해 들으면 어떤 느낌이 드는가?	
	당신은 꿈을 자주 꾸는가? 만약 그렇다면 무엇에 대해 꿈을 꾸는가?	
	당신은 꿈을 꾸면 어떤 느낌이 드는가?	
	당신은 정말 하기 싫었던 말을 하거나 정말 잊기 싫었던 것을 잊어 버리는 일이 자주 발생하는가?	
	당신은 같은 실수를 거듭해서 한다는 것을 종종 발견하는가(상황 및 내용)?	
	당신은 집중을 잘 하는 편인가, 아니면 그렇지 못한가(상황)?	
	당신은 무의식이 당신의 행동과 경험에 영향을 미친다고 생각하는가(상황)?	

2. 사랑하는 능력

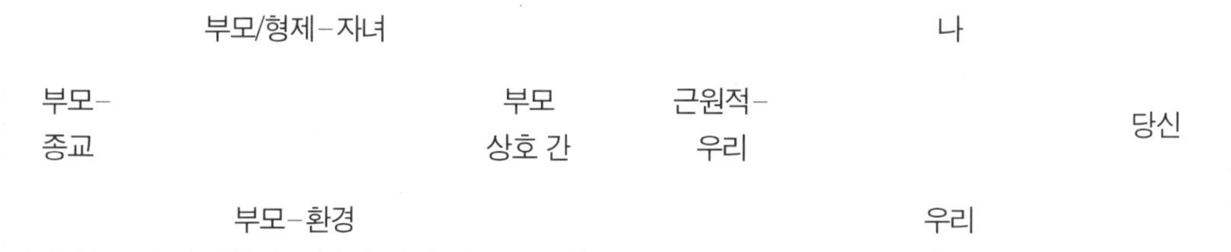

부모/형제-자녀

나

부모-
종교

부모
상호 간

근원적-
우리

당신

부모-환경

우리

사랑하는 능력 네 가지 양식의 발달 모형의 기능(긍정주의 심리치료 p. 153)

1) 나(I)에 대한 관계(부모-형제-자녀): 부모, 형제-아동기 관계

▣ 동의어 및 예시

정체성, 자기만족, 자기중심주의, 이기주의, 자기 가치에 대한 문제, 자아상, 스스로에 대한 집중, 겸손, 스스로에 대한 성찰, 불충분한 자의식, 나는 실패자야, 나는 내가 원하는 게 무엇인지 알아, 내가 먼저이고 그다음에 다른 사람, 나는 그냥 나 자신을 믿어야 해, 어리석은 사람만이 자기 자랑을 해, 나는 항상 누군가의 도움이 필요해(의존성), 나는 혼자가 되는 것에 개의치 않아.

▣ 특별한 질문

사랑하는 능력의 양식	부모-형제-아동기 관계	평 가
나(I)에 대한 관계 (부모-형제-자녀)	당신의 부모 중 누가 더 침착했고, 누가 더 쉽게 기분이 상했는가(인내)?	
	당신의 부모 중 누가 당신에게 더 많은 시간을 할애했는가(시간)?	
	당신은 누구를 닮았다고 생각하는가(외모, 성격, 버릇 등)?	
	당신에게서 발견할 수 있는 버릇과 태도는 누구의 것인가?	
	누가 더 당신을 사랑했다고 생각하는가?	
	당신은 부모에게서 조건 없이 사랑받았다는 생각이 드는가?	
	있다면 누구에게서?	

	당신은 부모로부터(또는 양육자) 지지받으며 자랐다는 생각이 드는가?	
	당신은 양육자에게서 칭찬을 받는 적이 많았는가?	
	당신의 형제는 몇인가?	
	당신은 형제와의 관계는 어떠했는가?	
	당신은 누구와 가장 가까웠는가? 무엇 때문인가?	
	어려서 당신의 성격은 어떻다고 생각하는가?	
	당신은 양육자 중에 누구(부, 모, 조부모)를 더 좋아하는가?	
	당신은 무엇 때문에 그 사람을 더 좋아하는가?	
	당신은 자랄 때 누구의 눈치를 보며 자랐는가?	
	당신은 의존적인가 아니면 독립적인가?	
	당신은 양육자에게서 신뢰를 받았다는 느낌인가?	

2) 당신에 대한 관계: 부모 상호 간 관계

■ 동의어 및 예시

협력관계, 공감, 사랑, 접촉, 이타주의, 이웃 사랑, 한 쌍, 애정, 경쟁관계, 질투, 남편은 자기 마음대로 한다, 내가 계속 사는 이유는 그 때문이다, 어머니는 나에게 매우 잘 대해 주셨다, 그가 그립다, 나는 배우자를 절대 잃기 싫다.

■ 특별한 질문

사랑하는 능력의 양식	부모 상호 간 관계	평 가
당신(Thou)에 대한 관계 vs 부모 간 관계	당신의 부모는 서로를 잘 이해해 줬는가?	
	부모 중 한 명이 바람을 피웠는가?	
	당신의 부모는 서로 이해해 주며 대화하는 편이었는가?	
	좋은 부모 역할이었나, 아니면 좋은 아버지 또는 좋은 어머니 역할로 양분되었는가?	
	결혼을 한 이유가 편리함 때문인가, 사랑 때문인가?	
	부모의 문제해결을 위해 부모가 서로를 향해 소리를 지르는가?	
	아버지가 어머니를 때리는 적이 있었는가?	
	부모 상호 간 서로 인격적으로 존중하였나 아니면 무시하는 분위기였는가?	
	부모 양자는 서로 미워하는 관계였는가?	
	부모는 서로에게 갈등을 표현하는 것이 쉬운 편인가, 아니면 "우리는 아무 문제없어."라는 식으로 문제와 갈등을 숨기는 편이었는가?	
	아버지 또는 어머니는 서로 신뢰하는 사이였는가?	
	어머니나 아버지 중에 누가 나에게 잘 대해 주었나?	

	재정 문제에서 부모 상호 협력하였나? 아니면 부모 중 한 편이 절대 결정권을 가지고 있었나?	
	부모의 성향은 이타적이었나, 이기적이었나?	
	자녀 교육은 부모 중 주로 누가 더 열심이었나?	
	부모의 자녀 양육은 일방적이었나? 아니면 자녀의 권리를 인정해 주었나 (민주적, 권위적, 무관심, 과보호적, 통제적)?	
	부모는 서로 도움을 주는 편인가?	
	부모는 자기 가치관이 분명히 있는가?	

3) 우리(We)에 대한 관계(부모 - 환경): 부모의 환경에 대한 관계

■ 동의어 및 예시

교제, 집단, 가족에 대한 감각, 결속, 사람인 동료, 모임, 군중, 이익 집단, '우리'라고 하는 감정, 계급의식, 참여, 가족, 친척, 국가, 사람, 사회, 지역, 인류, 집단에 대한 공포, 사교성으로의 회피, 파벌, 또래 집단(동일한 연령의 집단), 집단 구성원, 사교성, 교제가 거의 없는, 분리, 자폐증, 억압.

■ 특별한 질문

사랑하는 능력의 양식	부모-환경과의 관계	평 가
우리(We)에 대한 관계	부모 중 누가 더 교제하기를 좋아했는가?	
	누가 손님이 오는 것을 더 원했는가?	
	당신의 가족은 교제하는 것을 좋아한다고 생각하는가?	
	당신은 부모가 사회적으로 맺는 관계의 영향을 받았는가(즉, 어른들이 얘기하는 도중 당신은 조용히 있었어야 했는지……)?	
	아이들은 부모의 사회성을 나타내는 대상이었는가(즉, 손님이 왔을 때 예의바르게 행동하고 아무것도 만져서는 안 되었는지……)?	
	사회성이 아이들의 성취 정도를 보여 주는 장(場)이 되었는가(즉, '바이올린으로 뭔가를 연주해 봐라.' 등)?	
	당신은 사회적인 교제가 이루어지거나 혹은 교제가 가로막혔던 이유가 있었다면 그것은 무엇인가?	
	당신은 책을 읽는 것을 선호하는가, 또는 사람들과 어울리는 것을 선호하는가?	
	당신의 부모는 사회단체활동 참여나 정치 참여를 하였는가?	
	당신은 어떻게 참여하였나?	
	당신은 무엇을 옹호하는가(민주주의/사회주의/노동운동)?	

	당신의 부모는 사회나 이익집단 또는 노동단체에 속해 있었는가?	
	당신은 집단활동에 참여하는 것을 즐기는가?	
	당신은 사람들 사이에서 가끔 외로움을 느끼는가?	

4) 근원적 – 우리에 대한 관계(부모 – 종교 – 세계관)

■ 동의어 및 예시

종교, 세계관, 관념, 우상, 우상 숭배, 원시적 본질, 불확실한, 알 수 없는, 창조자, 하나님, 예언자, 징후, 믿음, 종교적 귀의, 교회, 목적, 의미, 삶의 의미, 미래, 희망, 불신, 확신, 무신론, 유물론, 자애, 광신, 믿음의 위기, 죄악, 종교광, 종교적 갈등, 죽음, 사후 세계, 명상, 기도

■ 특별한 질문

사랑하는 능력의 양식	부모–종교–세계관에 대한 탐색	평 가
근원적–우리에 (Origin–We) 대한 관계	부모 중 누가 종교를 가지고 있었는가?	
	부모는 미래에 대한 태도가 비관적인가, 낙관적인가?	
	부모의 삶의 목적은 무엇이었는가? 당신의 목적은 무엇이었는가?	
	당신은 미래를 희망적으로 보는가?	
	부모는 어느 종교를 가지고 있었는가?	
	당신은 종교 및 세계관에 대한 자신의 생각에 동의했는가?	
	한 쪽 부모의 세계관이 다른 부모에게 거부되었는가?	
	부모의 종교적 · 세계관적 관점이 다른 사회적 준거집단(친척, 학교, 이웃, 동료, 일반적 직관)에 의해 인정되었는가?	
	부모님은 당신이 종교 및 세계관에서 일탈하는 것을 참을성 있게 다루었는가?	
	당신은 다른 세계관, 종교집단과 관련되어 고정관념이 형성되었는가?	
	당신은 기도 또는 어떠한 형태로든 명상을 하는가?	
	부모 중 누가 기도를 했고, 누가 당신과 함께 기도를 했는가?	

	부모 중 누가 사후 세계, 존재의 의미, 하나님의 본질에 대한 것과 같은 질문에 관심을 가졌는가?	
	이러한 질문은 당신에게 어떤 의미를 가지는가?	
	당신은 종교적 · 정치적 · 과학적 문제에 관심이 많은가?	

활용 가능한 잠재 능력

1. 심리학적 범주 요지

이차적 잠재 능력(이성적)	일차적 잠재 능력(정서적 · 감성적)
• '알고자 하는 능력의 표현'으로, 지식 전달에 의존한다. • 주로 대인관계와 관련된다. 본보기가 되는 인물과의 관계 특히 부모와의 관계가 중요한 역할을 한다. • 개인이 속한 사회집단의 성취규범이 반영되어 있다. • 일상생활의 기술과 평가, 그리고 타인을 판단하는 데 결정적인 역할을 한다(과대/과소평가). ㉥ "그 사람은 깊이가 있어요. 질서 있고, 신뢰할 만해요." "그 사람은 무례하고, 인색하고, 게으르고, 정직하지도 않아요." • 내용 면에서 이차적 잠재 능력은 정서적 반향을 경험하는 일차적 잠재 능력에 기초한다. ㉥ 자녀의 산수시험 성적이 좋으면 초조한 맘이 사라지고, 나쁘면 진짜 두통이 생긴다고 호소하는 어머니	• '사랑하는 능력'으로, 주로 정서적인 영역과 관련된다. • 일차적 능력은 이차적 잠재 능력보다 중요하기 때문이 아니라 정서 영역과 관련되어 있고, 자아와 가깝다고 보기 때문에 일차적 능력이라 부른다. • 일차적 잠재 능력은 이차적 잠재 능력의 기초를 구성하고 있다. 그러므로 내용 면에서 이차적 잠재 능력과 관련된 경험에 치중해 있다. ㉥ "남편을 더 이상 믿을 수 없어요. 항상 믿을 수 없고 시간도 안 지켜요."

부록

▣ 이차적 잠재 능력과 일차적 잠재 능력 목록(활용 가능한 잠재 능력)

- 활용 가능한 잠재 능력은 무기(공격), 방패(방어), 또는 핑계(구실)와 같은 기능을 한다.
- 활용 가능한 잠재 능력 목록은 더 추가될 수 있으나 가장 빈번하게 발생하는 행동 영역을 기준으로 '이차적 잠재 능력 13개, 일차적 잠재 능력 13개의 기준'으로 정한다.

이차적 잠재 능력(이성적)	일차적 잠재 능력(감성적)
시간 엄수	사랑(정서성)
청결	모범
질서 정연	인내
순종	시간(조절, 계획)
예의	교제
정직/ 솔직	성적 특질(성적 관심)
충실성	믿음
정의	확신
근면/성취	희망
절약	신앙/종교
신뢰	의심
정확성	확실성
양심	일치성(조화)

2. 활용 가능한 잠재 능력의 긍정적 활성화(기본 잠재 능력에서 분화되는 정도 탐색 적용)

■ 자기 탐색: 자신의 학습된 부정적 습관 긍정적으로 바꾸기 → 수동적/능동적

활용 가능한 잠재 능력	상황: 대인 관계	평 가
시간 엄수, 예의, 신뢰	부인이나 남편이 혹은 애인이 데이트에 늦으면 당신은 어떻게 반응하는가?	
정직, 신뢰, 예의, 모범, 인내	당신이 옳다고 생각하는 것, 중요하게 생각하는 것을 상대방이 하지 않을 때는?	
청결, 예의, 인내, 교제	상대방이 참을 수 없는 냄새를 풍기고 다닐 때는?	
청결, 교제, 예의, 인내	냄새가 코를 찌르는 사람과 오랫동안 대화를 해야만 할 때는?	
정직, 정의, 신뢰, 인내, 명예	자신이 부당한 대우를 받고 있다고 느낄 때는?	
정의, 신뢰, 인내, 명예	다른 사람이 정도가 지나친 호의를 받고 있다고 느낄 때는?	
교제, 예의, 정직, 신뢰, 정의, 명예	상대방에게 배반당한 것을 알았다면?	
교제, 예의, 정직, 신뢰, 정의, 명예	상대방이 자신에게 충실하지 않음을 알았다면?	
시간 엄수, 정직, 질서 정연, 정의, 희망, 신뢰, 인내, 근면, 성취	시험을 앞두고 있을 때, 나의 반응은 어떠한가?	

- 앞의 질문을 그냥 읽는 것에 그치지 말고 질문의 상황을 상상해 보면 '자신의 감정과 느낌이 그 질문과 관계되어 발생한다는 것을 확실히' 알 수 있을 것이다.
- 그 부분에 자신의 활용 가능한 잠재 능력이 포함되어 있다. → '긍정적인 활용 가능한 잠재 능력으로 바꾸기'

■ 가족과 자녀 양육에서 활용 가능한 잠재 능력

상황: 일상생활에서 발생하는 언쟁 탐색	관련된 활용 가능한 잠재 능력	평 가
"지금 일어나, 안 그러면 늦어. 너는 태어날 때 빼고는 시간을 지킨 적이 없어."	시간 엄수, 순종	
"아들에게 도움을 요청할 때 아들은 항상 존대어를 사용해 달라고 합니다. 막상 자신은 아버지를 '어이, 아버지!'라고 부르면서 말이죠."	예의	
"남편은 목욕을 하지 않아요. 이게 나한테는 너무 힘들어요. 불평을 하게 되지요. 배에는 뾰루지가 많이 났어요. 하도 안 씻어서."	청결	
"그이 방은 정리 정돈이 아주 잘 되어 있어요. 옷장을 보면 옷이 가득해요. 하지만 좋은 옷, 새 옷을 너무 좋아하고 늘 옷을 새로 사야겠다는 말합니다. 그런데 가끔 보면 셔츠가 밖으로 나와서 보기 흉한데 신경도 쓰지 않아요. 외출할 때도 마찬가지예요."	질서 정연, 절약, 예의	
"너는 한술 더 떠서 내가 한 말을 반도 기억하지 못 하잖아."	신뢰	
"너 지금까지 학교에 있었다는 말은 하지 마, 그걸 내가 어떻게 믿니."	정직, 근면/성취	
"너는 나한테 한마디 말도 없이 저 아이들을 또 초대한 거니?"	순종, 교제	
"누나가 방 청소를 끝내주게 했더구나."	질서 정연, 모범	
"네 친구 참 괜찮더구나. 올 때마다 인사를 참 반듯하게 하더라."	예의, 모범	
"네 여자친구는 인상이 좋구나. 깔끔하고 잘 자란 것 같더라."	청결, 모범	
"네가 그런 식으로 돌아다니면 사람들이 뭐라고 생각하겠니?"	청결, 교제, 예의	
"교회 또 빼먹었니."	순종, 신앙	
"선생님은 우리 숙제 제출한 거 돌려주신다고 벌써 4번이나 약속하셨어. 매일 핑계만 대는 거야. 그게 좋은 본보기가 된다고 생각하면 완전 실수하는 거지……."	정직, 신뢰, 예의, 모범, 인내	

■ 대인관계에서 활용 가능한 잠재 능력 탐색

상황: 인간관계와 여러 문화에 걸쳐 발견된 유사한 말	관련된 활용 가능한 잠재 능력	평 가
"그 회사 물건은 정말 형편없어요. 완전히 실망했어요. 고객 서비스도 엉망이에요. 도착한다고 약속했지만 아직도 기다리는 중이에요."	시간 엄수, 신뢰, 믿음	
"앞으로 나 그 식당에는 절대로 안 갈 거야. 너무 화가 나더라. 음식 나오는 데 1시간이 걸렸어. 나왔는 데 음식이 식은 거야. 포크, 나이프는 더럽고. 그런데 청구서를 보니까 세상에!"	시간(조절, 계획), 시간 엄수, 인내, 청결, 절약	
"내가 늦었다는 것을 알고 차를 타고 출발했지. 경찰이 숨어서 기다리고 있었던 거야. 사진이 몇 방 찍혔어. 엄청 화가 나는 거야. 경찰이 나를 잡길래 신경질을 냈지. 변호사가 그러는데 그러면 안 되는 거였대."	시간 엄수, 시간(조절, 계획), 순종, 예의, 절약	
"저 사람 좀 봐. 되게 이상하다. 같은 옷을 나흘째 입고 있어. 아마 빨지도 않았을 거야. 광대인가 봐. 행동거지 좀 봐. 저 사람이 우리랑 같이 식사한다면 정말 기분 나쁠 거야."	청결, 예의, 명예, 신뢰	
"그 사람은 일과 결혼했어. 즐길 줄 몰라. 가족과 있는 시간도 없어. 밥 주고 빨래해 주는 하숙집만 있으면 돼."	근면/성취, 시간(조절, 계획)	
"다시는 거기 안 갈 거야. 사람들이 쥐새끼처럼 도둑질하고, 거리는 쓰레기 천지야. 어떤 남자는 거기 서서 소변을 보는 거야. 포도 파는 데 바로 옆에서 말이지. 길거리에다 침을 뱉고. 교통은 말할 것도 없어. 이런 혼란천지니 경찰이 미치지 않으면 다행이지. 한 발짝 움직이는 데도 속이 바짝바짝 타. 그렇게 처참한데 바로 옆에 궁전이 있는 거 있지."	정직, 청결, 예의, 질서 정연, 정의, 신뢰, 인내	
"모든 게 엉망이야. 그래서 이번엔 휴가를 해외로 가기로 했거든. 근데 남편이 비자 신청하는 걸 까먹은 거야. 국경에서 걸려서 결국은 못 넘어 갔어."	시간 엄수, 질서 정연, 희망	
"기사 봤어? 자기 부인을 죽인 남자 있잖아. 바람 피웠다고 그랬대."	정직, 충실, 신뢰, 희망	

"이 사람들을 어떻게 해야 할지 모르겠어. 몇 달 동안 한 번 들르라고 그러더니만 막상 저녁 초대에 갔더니 어땠는지 알아? 식어 빠진 돼지고기, 치즈하고 차하고 주는 거 있지. 속이 안 좋다고 하고 그냥 나와 버렸어."	시간 엄수, 시간 절약, 교제, 예의, 정직	
"그 남자한테는 매너를 찾아 볼 수가 없어. 수프 먹을 때는 소리 내서 먹고, 접시에서 음식 가져 갈 때는 자기 먹던 숟가락을 쓰고, 다 먹고 나더니 손톱으로 이를 쑤시는 거 있지."	예의, 교제, 청결	
"도대체 공무원들이 누구한테 월급을 받는지 알고 있나 궁금해. 민원실에서 한 시간이나 기다렸어. 뭐 잠깐 물어 보려고 하는데 세상에 사적인 전화를 15분씩이나 하고 있더라고. 난 앉아서 끝나길 기다리고 있는데……. 세금이 그렇게 쓰인다고 생각하니 기가 막혀."	정직, 예의, 시간 절약, 인내, 시간(조절, 계획)	
"아내 때문에 망하게 생겼어. 별거 후에 그 여자가 국세청에 가서 내가 세금을 안 냈다고 일러바친 거야. 그래서 지금 우리 집에 감사 나와 있어. 세금 왕창 물게 생겼어."	정직, 절약, 정의, 신뢰, 희망	

■ 직장에서 활용 가능한 잠재 능력 탐색

상황: 직장생활	관련된 활용 가능한 잠재 능력	평 가
"이 주문서에 명시된 마감일을 정확히 지키셔야 합니다. 3월 1일까지 도착하지 않으면 주문을 취소할 수 있는 권리가 있습니다. 도착이 지연되어 발생하는 손해 책임은 모두 당신에게 있습니다."	시간 엄수, 정확성, 절약, 성취	
"하나님 감사합니다! 드디어 좋은 비서를 채용하게 되었습니다. 이제부터는 연락하는 일을 정확하고 질서 있게 할 수 있게 됐습니다. 책상도 깨끗하고, 신뢰가 가고 방문객을 잘 접대합니다. 계획을 내리고 나면 더 이상 지시를 안 해도 됩니다. 보고서 정리도 잘 되어 있고, 이전 비서와는 비교할 수가 없습니다. 이전 비서는 처음 것이 나중에 와 있고 나중 것이 처음으로 와 있고, 아주 엉망이었습니다."	청결, 질서, 신뢰, 예의, 교제, 정확성, 믿음	
"S 가족에 대해서 좀 알려 주시면 고맙겠습니다. 내가 사는 2층 건물의 1층으로 이사하고 싶다고 해서요. 당신이 추천인이라고 연락을 주더군요. 그 사람들이 조용한 사람들인지, 그리고 임대료는 정확하게 잘 내는지 말씀해 주시면 감사하겠습니다."	예의, 믿음, 절약, 시간 엄수	
"더 이상 이 회사에 다닐 수가 없어. 첫째, 급여가 너무 적어. 둘째, 근무 환경을 참을 수 없어. 셋째, 날 그런 식으로 대하면 안 돼. 상사한테 아부하고 잘 보이면 승진하고 무슨 반대라도 하면 화가 따라오는 곳이야. 제일 참을 수 없는 건 동료들이야. 안 보이는 자리에서 다른 사람 깎아 내리는 일 외에는 아무 일에도 관심 없는 사람들 같아. 작년에 회사에서 다 같이 놀러 갔는데, 그때 있었던 일이 아직도 제일 인기 있는 화제거리라니까. 누가 술에 취했다는 둥, 누가 누구를 꼬셨다, 누가 누구랑 자러 갔다는 둥."	절약, 예의, 정의, 정직, 충실, 성적 관심	
"당신이 제안한 가격은 너무 높아서 좀 곤란합니다."	절약, 성취	
"바퀴 볼트가 느슨해져서 사고가 났습니다."	신뢰, 정확성, 시간 엄수, 절약, 믿음, 시간 (조절, 계획)	

부록

■ 심리치료와 활용 가능한 잠재 능력 탐색

상황: 병원 진료 상황	관련된 활용 가능한 잠재 능력	평 가
"내가 한 깁스가 좀 더러웠거든. 의사가 그걸 보더니 표정이 일그러지는 거야. 까다로운 사람이야. 2분이 늦잖아? 난리 나……."	청결, 예의, 시간 엄수, 모범, 인내	
"그 의사한테 이제 안 갈 거야. 실력이 좋으면 다야? 한 번 진료받으려면 몇 시간씩 기다려야 해. 그러고 나면 진찰하는 시간은 겨우 4분밖에 안 돼."	시간 엄수, 시간(조절, 계획), 믿음, 신뢰	
진료 보고서: "이 학생은 외모가 지저분함. 첫 번째 면담에 지각하였음. 표정에 초점이 없음……. 내담자는 집중력 약화, 학습 장애, 동료와의 갈등과 같은 증상을 언급함……. 정서적 장애와 심각한 갈등이 있는 전이 상황 때문에 분석 치료의 상황이 의심스러워 보임." 이 모든 것을 고려해 볼 때 치료자는 내담자를 왜곡된 행동 모델로 제시하고 심한 역전이를 초래할 수 있다고 볼 수 있다.	질서 정연, 시간 엄수, 청결, 교제, 근면/성취, 믿음	
"내담자는 청결과 깨끗하게 씻어야 한다는 것에 강박적으로 매달림."	청결, 질서 정연	
"그녀한테는 질서 정연이 인생에서 가장 중요한 요소다. 자신의 어머니가 질서 정연에 대해 철저하게 교육했다고 한다."	질서 정연, 정확성	
"20번째 회기에서 이 작은 아이는 성격이 강하고 요구가 심한 엄마로부터 까다로울 만큼 질서 정연에 대한 교육을 심하게 받았음이 드러났다."	질서 정연, 교제	
"부당한 대우를 받고 또 지나친 책임을 진다고 느꼈는데, 부모님이 언니한테는 그렇게까지 심하게 안 하는 것을 본 것이다."	근면/성취, 순종, 정의	
"그 일 이후에 내담자는 자신은 늘 뒷전이라는 것을 알게 되었다. 옛날 남자 친구는 늘 자기를 최우선으로 대했다는 것만 생각하며 살아간다."	정의, 교제, 신뢰	
"부모와 동일시하면서 자신은 자신의 욕구를 억제하고 있다는 것을 깨닫게 된 겁니다. 가슴 깊은 곳에서 부모님이 진정으로 자신을 사랑한 것이 아니고 다만 집안에 두고 길들여졌다는 생각이 든 거죠. 이것을 깨닫자 새로운 출발을 하게 되었습니다."	성적 특질, 순종 근면/성취	
"이 내담자는 가족 이외의 사람하고는 교제를 하지 않습니다."	교제, 신뢰, 인내	

"반듯하고, 열심히 공부하였으나 과잉보호로 불안하고 약하게 자란 26세 아들과 전통을 고수하는 엄마가 치료를 받으러 왔습니다. 아들은 억압과 우울을 느낀다고 하였고 하나님과 친구 모두와의 교제를 상실했다고 합니다."	교제, 신앙, 근면/성취, 전통	
"자아통합을 유지하는 능력의 상실 그리고 보이지 않게 진행되는 완전 정지 상태. 대부분 사춘기 말에 발병되는데 종종 관계 맺는 것을 실패하는 것으로 나타난다."	충실, 정의, 정직, 솔직, 신뢰, 인내, 교제	

- 활용 가능한 잠재 능력은 긍정주의 심리치료의 핵심요소다.
- 활용 가능한 잠재 능력은 개인의 경험과 인간관계에서 중요한 요소다.
- 활용 가능한 잠재 능력은 체계적으로 심리사회적 영역으로 분류되었다.

■ 분화분석목록(DAI) 활용가능한 잠재 능력 – 기본적 잠재 능력(긍정주의 심리치료 p. 166)

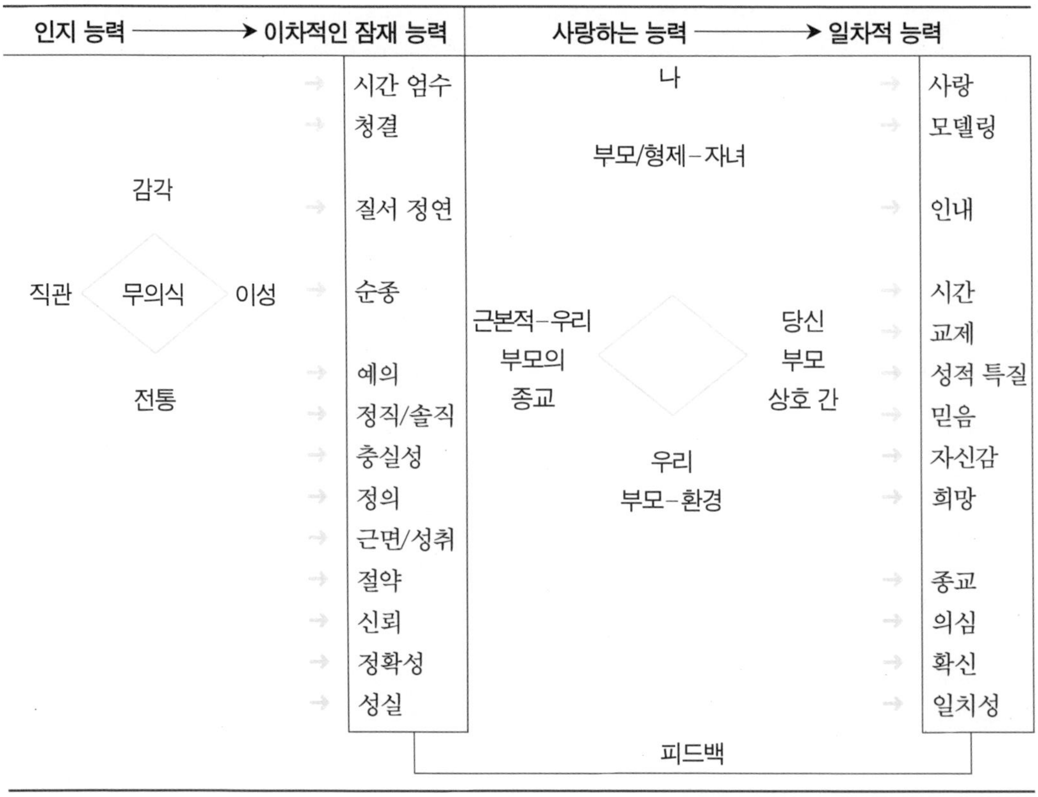

인지 능력 ⟶ 이차적인 잠재 능력

감각
직관 무의식 이성
전통

→ 시간 엄수
→ 청결
→ 질서 정연
→ 순종
→ 예의
→ 정직/솔직
→ 충실성
→ 정의
→ 근면/성취
→ 절약
→ 신뢰
→ 정확성
→ 성실

사랑하는 능력 ⟶ 일차적 능력

나
부모/형제 – 자녀
근본적 – 우리 부모의 종교
당신 부모 상호 간
우리 부모 – 환경

→ 사랑
→ 모델링
→ 인내
→ 시간
→ 교제
→ 성적 특질
→ 믿음
→ 자신감
→ 희망
→ 종교
→ 의심
→ 확신
→ 일치성

피드백

■ 일차적 · 이차적 잠재 능력의 개념

앞에 제시된 내용은 기본적 잠재 능력과 활용 가능한 잠재 능력을 통합적으로 도표화한 것이다. '사랑하는 능력'과 '인지 능력'은 인간이 가지고 있는 가장 기본적인 잠재 능력으로서 일차적 · 이차적 잠재 능력 모두를 포괄하는 범주이다.

□ 사랑하는 능력(capacity to love)

- 일차적 잠재 능력

☞ 일방적이고도 미분화된 잠재 능력인 일차적 잠재 능력을 발달시킨다.

□ 인지 능력(capacity to know)

- 이차적 잠재 능력

☞ 배우고 가르칠 수 있는 상호 보완적 능력으로 이차적 활용 가능한 잠재 능력으로 발달된다. 그러므로 인지 능력은 현실을 헤쳐 나가는 수단으로 이성이 강조되고 감각과 직관을 부수적인 것으로 약화시킨다.

■ 일차적 · 이차적 잠재 능력의 상호작용

- 사랑하는 능력의 양식 → 나(I), 당신(Thou), 우리(We), 근원적-우리(Origin-We)

☞ 모든 사람이 맺게 되는 전형적인 기본적 관계의 특성을 보여 주고 있다.

- 인지 능력의 양식 → 감각 · 이성 · 직관 · 전통(관습)

☞ 개인의 심리 발달 과정에서 분화되며 인간이 자신과 자신의 환경을 지각하는 방식을 결정한다고 보고 있다.

☞ 이와 같이 사랑하는 능력과 인지 능력의 양식은 서로 강하게 상호작용하기 때문에 독립된 개별 양식으로 말할 수 없으며, 이 양식이 발달하는 방법은 개인에게 실제적으로 활용되는 잠재 능력이 얼마나 다양하게 발달하게 되는지를 결정하는 것으로 규정하고 있다.

상호작용 9가지 유형

(긍정주의 심리치료 p. 176)

분리	분화	융합	본보기가 되는 인물(주로, 양육자) / 상대방(주로, 자녀)
A	B	C	융합(결합)
D	E	F	분화
G	H	I	분리(이탈)

상대방과의 상호작용 9가지 유형: 본보기가 되는 인물(주로 양육자)의 기대 단계

■ 상호작용 9가지 유형 설명(긍정주의 심리치료 pp. 176~180)

□ 상호작용

인간은 단지 정서적인 유대감만 상호작용하며 존재하는 것이 아니다. 때때로 상대방과 정보와 충고의 교환을 필요로 하는 존재다.

- 융합: 본보기가 되는 입장(양육자/상대방/배우자)에서 기대 심리에 상응한다.
  - ☞ 융합 단계의 질문

    "나는 상대가 나와 함께 머물고, 나를 돕고, 나에 대해 정서적인 유대감을 느끼기를 원하는가?"

    "상대가 나에게 감사 표현하기를 원하는가?"(융합)
- 분화: 가끔씩 상대에게서 정보와 충고를 제공받기를 원한다.
  - ☞ 분화 단계의 질문

    "상대에게 정보가 부족한가?"

"그가 나의 정보를 필요로 하는가?"

"그가 결정을 내리는 데 도움이 되도록 내 의견을 필요로 하는가?"

"상대방의 의사 결정에 영향을 미치기 위해서 상대에게 충고 또는 훈계하기를 원하는가?(충고/분화)"

• 분리 → 정서적인 유대감의 약화, 변화 및 해체에 상응한다.

개인이 독립적으로 살기 위해 부모의 슬하를 떠날 때,

그가 자기 자신만의 의견을 주장하고자 시도할 때,

그가 스스로 결정하기를 원할 때,

☞ 분리 단계의 질문

"상대방이 내 도움 없이 스스로 결정하기를 원하는가?"

"나는 상대가 독립하기를 기대하는가?"

"나는 그를 내버려 두는 것이 옳다고 생각하는가?"

"내 충고가 그의 자유를 속박하는가?"

"그가 자신을 위한 독립을 주장하는가?"

□ 상호작용에 있어서 갈등이 유발되는 상황

본보기가 되는 인물과 상대방이 각각의 단계에서의 기대가 서로 상반되거나 또는 그 의미가 서로 일치하지 않을 때, 갈등이 야기된다. 즉, 상호 관련된 상황에서 서로 다르게 이해할 때, 갈등이 발생한다.

□ 상호작용에 있어서 갈등이 유발되지 않는 상황

각 상황에서 상호 간의 기대 · 정서가 일치하는 경우는 갈등이 발생하지 않는다. 즉, 본보기가 되는 인물의 융합을 기대하는 심리가 상대의 융합에 대한 욕구와 똑같이 일치하게 되거나, 충고에 대한 필요성이 주어진 정보 및 충고와 일치하거나, 상호 간에 분리가 똑같이 발생하게 되는 경우에 갈등 상황이 발생하지 않는다. 9가지 상호작용 형태는 개인이 자신과 상대방 간에 발생 가능한 갈등 분석 시, 한 예화로 제시하면 일시적인 문제를 잘 대처함이 가능하다(A에서 I까지 예화, 긍정주의 심리치료 pp. 177~180).

■ 상호작용 9가지 유형별 예화

A 유형	
상대의 '융합' 욕구가 본보기가 되는 인물과의 '분리'에 대한 기대 및 필요성과 마주치는 경우	
상 황	4세 여자아이가 아버지와 함께 놀고, 그의 무릎에 앉으며 그가 쓰다듬어 주기를 원한다. 아버지는 시간이 없고, 아이가 그러한 것에 길들여지면 안 된다는 이유로 물러난다.
전형적인 장애	거부(neglect) 증후군, 혼자 될 것에 대한 두려움 및 분리불안장애, 두드러지는 정서적 의존성, 불안에 직면했을 때의 성급함 또는 체념

B 유형	
상대방의 '융합' 욕구가 본보기가 되는 인물이 정보 및 구두로 충고('분화')를 주어야 한다는 주장과 마주치는 경우	
상 황	직업을 가진 28세 여성이 밤에 남편에게 애정을 나타내려고 하루 종일 고대했다. 그런데 남편은 집에 돌아와서 "주방일도 안 끝나고 애들 물건도 바닥에 널려 있잖아. 가끔 내가 왜 결혼했는지 나 자신에게 묻고 싶어."라고 불평한다.
전형적인 장애	과도한 책임감, 불신, 변덕, 공격성, 사랑과 증오 사이의 균형, 실망에 대한 두려움, 압력을 가하는 상대 앞에서 억압함

C 유형	
상대방은 '융합'을 원하지만, 본보기가 되는 인물이 그가 기대하는 것과 '다른 형태의 융합(같은 융합이라면 갈등이 야기되지 않음)'을 주는 경우	
상 황	18세 학생이 부모님이 준비한 저녁 파티에 참석하였다. 그는 많은 어른 사이에서 불안감을 느끼며, 그의 어머니와 가까이 있음으로써 도움을 얻고 안정감을 얻길 원한다. 어머니 손님들에게 "이렇게 다 큰 아들이 있어요."라고 말하며, 숨이 막히도록 뽀뽀를 퍼붓는다. 후에 그는 "땅을 파고 구멍 속으로 숨어버리고 싶었어요."라고 말한다.
전형적인 장애	집으로부터 버려진 느낌, 불신, 세대 간 갈등, 공격성, 애정에 대한 거부감, 오해받는 듯한 느낌

D 유형	
상대방은 정보, 충고 및 말로 지시받고자 하는 욕구를 가지고 있지만('분화') 본보기가 되는 인물은 그에게 독립성과 자유로운 의사결정을 요구하며('분리') 아무런 지원을 하지 않는 경우	
상 황	17세 소년에게 정말 좋아하지만 무언가 신뢰할 수 없는 새로운 여자친구가 생겼다. 그는 어머니에게 조언을 받고자 한다. 어머니는 다음과 같이 대답한다. "예전에 너는 나한테 한 번도 물어본 적도 없었고, 항상 혼자서도 잘해 왔었잖아. 아버지에게 물어보지 그러니? 어쨌든 네 질문은 내가 답할 수 있는 일이 아니구나."
전형적인 장애	불신, 과도하게 예민한 감수성, 불안전한 느낌, 당황, 과잉 보상

E 유형	
상대는 정보를 원하나('분화') 본보기가 되는 인물로부터 원하는 방법으로 정보를 받지 못하거나 불쾌한 방법으로('다른 형태의 분화') 정보를 받게 되는 경우	
상 황	53세 가정주부가 "지난 주 금요일에 우리 집 식기세척기가 6년 만에 고장이 났어. 나는 남편에게 내가 어떻게 해야 할지를 듣고 싶었는데, 그는 나한테 정확한 대답을 해 주기는커녕 한 시간 동안 내가 기계를 어떻게 조심히 다뤄야 할지 강의하면서, 내가 여자라서 기계가 어떻게 작동하는지도 모르고 기계가 고장 난 것은 내 잘못이라고 말을 하는 거야. 내가 다시 남편에게 뭔가를 물어보기까지는 상당히 시일이 걸릴 거야."라고 불평한다.
전형적인 장애	숨겨졌거나 겉으로 드러나는 공격성, 위축감, 회피 행동, 의사소통의 단절, 환멸감

F 유형	
상대는 정보와 충고 그리고 의사결정을 위해 도움이 필요하지만('분화'), 본보기가 되는 인물은 애정과 다정함으로 '융합' 상태를 유지하려고 하는 경우	
상 황	35세 직원은 직업상 문제가 있다. 그는 자신이 재교육 프로그램에 참석해야 하는지에 대해 알고 싶다. 그의 어머니가 방문해서 다음과 같이 말한다. "너는 이미 할 게 너무도 많아. 그리고 정말 안 좋아 보이는구나. 나랑 같이 가서 며칠 쉬면서 살 좀 찌워야겠다."
전형적인 장애	공격성의 억제, 우유부단함, 사랑에 대한 모호한 태도, 자기 자신과 본보기가 되는 사람에 대한 과장된 기대, 가족 상황에서의 갈등

G 유형	
본보기가 되는 인물이 상대의 '분리'에 대한 소망에 또 '다른 형태의 분리'로 응답하는 경우	
상 황	심리학자의 17세 딸이 집을 떠나기 원하는 동시에 부모와 먼 거리에서도 좋은 관계를 유지하고 싶어 한다. 어머니의 반응은 다음과 같다. "나는 너한테 모든 것을 다 주었는데도 어떻게 네가 그렇게 배은망덕할 수 있는지 이해가 되지 않는구나. 만약 네가 떠난다면 그것으로 더 이상 너와 나는 관계없는 사람이다. 네가 떠나는 걸 그저 참고 있을 수가 없구나."
전형적인 장애	과장, 억제된 표현, 전부 또는 전무하다는 반응, 세대 간 갈등, 분리에 대한 두려움, 섬겨졌거나 겉으로 드러나는 공격성, 죄의식, 본보기가 되는 인물에 대한 정서적 거부감, 압박당하는 느낌, 불신, 고립, 적대심, 비정상적으로 중얼거리는 반응, 부부간 갈등, 원인이 없는 우울

H 유형	
상대는 독립하고자 한다('분리'). 본보기가 되는 인물은 상대방이 갈망하고 이루고자 하는 독립을 깨닫지 못하고 오히려 자신만의 조언과 상담으로('분화') 그를 움직이려 한다.	
상 황	결혼한 지 얼마 되지 않은 38세 여성의 집에 어머니가 방문했다. 어머니는 감시하는 눈초리로 아파트를 둘러보며 다음과 같은 말을 시작한다. "이게 뭐니, 구석마다 먼지가 있구나. 내가 오길 잘했지. 늙은 어미가 정리가 무엇인지를 딱 한 번만에 보여 줄 수 있겠구나. 네 남편이 내가 너한테 집안일 하는 것을 가르쳐 주지 않은 것으로 생각하겠다."
전형적인 장애	공격성/공격성의 억압, 죄의식, 증오, 고집스러운 침묵, 본보기가 되는 사람에 대한 정서적 거부감, 더 이상 듣고 싶어 하지 않음, 우유부단함, 행동하고자 하는 능력의 방해 및 불만족

I 유형	
상대방은 독립과 '분리'에 대한 욕구가 존재하나, 본보기가 되는 인물이 이러한 욕구에 대해 자신만의 '융합' 기대로 대응하는 경우	
상 황	18세 딸이 대학에 가고 싶어 한다. 그녀는 고향으로부터 300km 떨어진 학교에 입학 허가를 받은 상황이다. 그녀의 아버지는 이에 대해 다음과 같은 입장을 취했다. "이건 논의할 여지도 없어. 나쁜 길로 빠지게 될 것이란 걸 너도 알고 있잖니. 게다가 공부는 말도 안 돼. 여기서 괜찮은 직업을 찾고 함께 지내자꾸나."
전형적인 장애	요구 수준이 낮음, 의존성, 자기중심적, 죄책감, 숨겨졌거나 겉으로 드러나는 공격성, 사랑과 증오에 대한 균형, 불신, 우유부단함

▣ 유발된 갈등 상황 해결 방법

긍정주의 심리치료 4단계 '언어화하기'에서 함께 해결하기(13회기)를 참조하여 갈등을 해결할 수 있게 돕는다.

이상희, 노성덕, 이지은(2000). 단계별 또래상담 프로그램 개발연구. 한국청소년상담원.

Jacobson, E. (1968). *Progrssive relaxation* (2nd ed.). Chicago: University of Chicago Press.

Miller, S., Miller, P., Nunnally, E. W., & Wackman, D. B. (2002). 부부가 함께 말하기와 듣기 (채규만, 최규련, 송정아, 홍숙자 공역). 한국가족상담교육연구소.

Peseschkian, N. (1990). 긍정주의 심리치료 (김희진 역). 서울: 학지사.

Resnick, S., Warmoth, A., & Serlin, I. A.(2001). The Humanistic Psychology and Positive Psychology Connection: Implication for Psychotherapy. *Journal of Humanistic Psychology*, *41,* 73-101.

Schultz, J. H. (1970). *Das Autogene Training* (13th ed). Stuttgart: Thieme.

Wolp, J. (1982). *The Practice of behavior therapy* (3rd ed). Elmsford, New York: Pergamor.

저자 소개

김희진

미국 보스턴 대학교 석사(목회심리학 전공)
미국 스미스 대학 사회복지대학원 석사후기과정,
부부 · 가족치료전문인 1년 연구 과정
서울여자대학교 대학원 박사(교육심리학, 가족치료전공)
전) 평택대학교 상담대학원 상담심리학 교수
평택대학교 학생생활상담소 소장
서울외국어고등학교장
한국상담학회, 부부 · 가족상담학회 수련감독자
한국목회상담협회 가족분과 수련감독자
현) 평택대학교 신학전문대학원 목회상담학 대우교수
The Life 심리 · 교육연구소 대표

긍정주의 심리치료 5단계 프로그램

2014년 3월 20일 1판 1쇄 인쇄
2014년 3월 25일 1판 1쇄 발행

편저자 · 김희진
펴낸이 · 김진환
펴낸곳 · (주) 학지사
121-838 서울특별시 마포구 양화로 15길 20 마인드월드빌딩
대표전화 · 02)330-5114 팩스 · 02)324-2345
등록번호 · 제313-2006-000265호

홈페이지 · http://www.hakjisa.co.kr
커뮤니티 · http://cafe.naver.com/hakjisa

ISBN 978-89-997-0214-3 93180

정가 15,000원

이 도서의 국립중앙도서관 출판시도서목록(CIP)은 서지정보유통지원시스템 홈페이지(http://seoji.nl.go.kr)와 국가자료공동목록시스템(http://www.nl.go.kr/kolisnet)에서 이용하실 수 있습니다.
(CIP제어번호: CIP2014009019)